Annette Creft

WIR VERGESSEN NICHT

was wir in der Coronazeit erlebt haben

Impressum

www.weltbuch.com

1. Auflage der deutschsprachigen Ausgabe, 25. Mai 2024
ISBN: 978-3-907347-26-3

Lektorat und Coverbild: Ken Kempen
Gestaltung und Satz: Pedro Kraft
Korrektorat: Jutta Sembritzki, Petra Gilger

Annette Creft

WIR VERGESSEN NICHT

was wir in der Coronazeit erlebt haben

Inhaltsverzeichnis

Die Vorgeschichte

Eine Zeit voller Menschenrechtsverstöße kann nicht vergessen werden. Die Coronazeit hat jeden Menschen betroffen: im Beruf, im Alltag und im Privatleben.

Das dröhnende Schweigen seitens Politik und Medien über das Unrecht der letzten Jahre weckte das Bedürfnis in mir, einen Teil der Aufarbeitung selbst in die Hand zu nehmen. Um darzustellen, was wirklich passiert ist, wollte ich den Menschen eine Stimme geben, deren Schicksale in den Medien keinen Platz finden und ihre Erlebnisse dokumentieren. Thomas, bekannt als Digitaler Chronist, gefiel die Idee so gut, dass er sogleich als engagierter Partner einstieg. Gemeinsam schufen wir die Plattform „wir-vergessen-nicht.com", die am 19.12.2022 das Licht der Öffentlichkeit erblickte. Thomas kümmert sich um die Technik und einen großen Teil der Öffentlichkeitsarbeit, ich führe die Redaktion, schreibe, redigiere und anonymisiere die Artikel.

Mit unserer Reichweite in den sozialen Medien, so unser Gedanke, würden wir sicher eine größere Öffentlichkeit für das Thema gewinnen – wir stießen sofort auf große Resonanz. Der Wunsch vieler Menschen, sich das Erlebte von der Seele zu reden und zu schreiben, war beachtlich. Die Website füllte sich rasant mit authentischen, bewegenden und berührenden Geschichten aus der Coronazeit.

Leser haben die Botschaft „Wir vergessen nicht" aus eigenem Antrieb auf Flyer, Banner und sogar Autos gedruckt, um sie in die Welt hinauszutragen. Mittlerweile gibt es auch einen YouTube-Kanal, auf dem ich Geschichten als Hörbeiträge vertone.

Die Einsender bleiben komplett anonym. Nur ein Vorname, das Alter und der Beruf sollen den Lesern helfen, sich ein Bild zu machen. Auch habe ich sämtliche Angaben in den Artikeln, die Rückschlüsse auf die Person zulassen, anonymisiert. So viele haben immer noch Angst vor negativen Konsequenzen, wenn sie die Wahrheit sagen.

Dieses Buch ist mir eine ganz besondere Herzensangelegenheit. Denn ein Buch ist für die Ewigkeit. Man kann es nicht wegklicken oder abschalten, man kann es anfassen und es erreicht jeden Leser auf seine eigene Weise. Und es ist so real wie die Erlebnisse der Menschen. In jeder einzelnen Geschichte steckt ein Stück Seele. Ich wünsche mir, dass dieses Buch seinen Weg in sehr viele Wohnzimmer und Köpfe findet und dass jeder Leser die Erkenntnisse daraus gewinnt, die für ihn persönlich von Bedeutung sind.

Das „Neue Normal" – Alltag in der Coronazeit

Hätten Sie sich vor 2020 vorstellen können, festgenommen zu werden, weil sie auf einer Parkbank sitzen und das Grundgesetz lesen? Dass Sie ihre Eltern nicht mehr besuchen dürfen? Dass Kinder bei ihrer Einschulung auf dem Schulhof in Kreidekreisen stehen? Dass Ihnen Ihre Kollegen „Mörder" entgegenschreien, weil Sie keine Maske tragen? Dass Polizisten mit Abstandshölzern auf der Straße stehen, um einen Mindestabstand durchzusetzen?

Und hätten Sie gedacht, dass es Menschen gibt, die das nicht hinterfragen?

Leider sind diese Erlebnisse kein Science-Fiction. Es ist auch keine Dystopie vonGeorge Orwell, obwohl ich oft an sein Meisterwerk „1984" denken musste.

Diese und ähnliche Szenen waren die bittere Realität der letzten Jahre. Das Leben wurde von einem Tag auf den anderen zum Albtraum, zur Realität von Millionen von Menschen. Hier kommen Menschen zu Wort, die in den Medien nicht existieren, die zwischen Tagesschau und Heute-Journal keinen Platz fanden. Sie schildern hautnah, was sich in den letzten Jahren tatsächlich ereignet hat. Hier schreiben keine Prominenten, keine lauten Selbstdarsteller oder reichweitenstarken Influencer.
Hier öffnen „ganz normale Menschen“ jeglichen Alters und aus allen sozialen Schichten ihr Herz. Sie schildern ihre persönlichen Erlebnisse, so wie sie millionenfach und ähnlich passiert sind.
Die Menschen berichten über Schikanen im Beruf, über Drangsale ihrer Kinder in der Schule, wie ihre Angehörigen in der Pflege eingesperrt und isoliert wurden und wie Ärzte, die ihren Eid vergessen hatten, Kranken die Behandlung verweigerten. Und dies ist nur ein winziger Blick hinter die Fassade einer Gesellschaft, die angeblich nur ein Ziel hatte: ein Virus zu „besiegen“.
Das gesamte Ausmaß des Leids ist trotz der Menge an Zuschriften, die mich im vergangenen Jahr erreicht hat, nicht zu erfassen. Eine Aufarbeitung seitens der Verantwortlichen bleibt, wie zu erwarten war, aus. Diese einschneidende Zeit kann und wird niemals vergessen werden. Denn die Opfer leiden bis heute.

Traumatisch ist der Verlust der Sicherheit. Sich auf das Grundgesetz verlassen zu können, ein schützendes Rechtssystem hinter sich zu wissen und das Recht auf die Unverletzbarkeit der Privatsphäre – das alles schien selbstverständlich. Die Welt, wie wir sie kannten, wurde von einem Tag auf den anderen zerstört. Das Recht auf Unversehrtheit des Körpers, auf Risikoabwägung und Eigenverantwortung wurde zum dekadenten Privileg. Wer sich weiterhin darauf berief, galt ab sofort als Gegner einer „solidarischen“ Gemeinschaft. Eine neue Zeit begann: die Coronazeit, in der Unrecht offiziell zu Recht wurde.

Narrativ und Wirklichkeit

Die Kluft zwischen den verkündeten Botschaften und Narrativen der Medien und der Politik ist riesig. Der Beweis dafür findet sich in jeder einzelnen persönlichen Geschichte. Die Erlebnisse der Menschen zeigen deutlich, dass genau das Gegenteil dessen passierte, was täglich dröhnend verkündet wurde. Das Narrativ, es gebe ein tödliches, über alle Maßen gefährliches Virus, für dessen Eindämmung nun alles getan werden müsse, stand über allem. Doch die Wirklichkeit sah anders aus: alte Menschen vereinsamten in den Pflegeeinrichtungen. Anstelle von Inklusion wurden Menschen mit Behinderung besonders benachteiligt. Statt der angepriesenen „Solidarität" zog sich die gewollte und medial gepushte Spaltung der Gesellschaft durch Freundschaften, Familien und Beziehungen. Der „Schutz der Kinder" zeigte sich durch stundenlanges Maskentragen in eiskalten Klassenzimmern, Kontaktverbot zu den wichtigen Freunden und häusliche Isolation.

Statt Zusammenhalt im Kollegenkreis, um als Unternehmen „gut durch die Krise zu kommen", wurden wertvolle Mitarbeiter hinausgeworfen, weil sie sich gegen eine freiwillige Impfung entschieden, die weder Selbst- noch Fremdschutz bot. Denn „Solidarität", ein bis zur Unkenntlichkeit malträtierter und bis ins Perverse verfälschter Begriff, bedeutete nichts weiter, als blinder Gehorsam.

Der damalige Chef des Robert-Koch-Instituts, Lothar Wieler, sprach offen aus, worum es in erster Linie ging: um das Verbot, die Regierung und ihre Entscheidung infrage zu stellen.
Auf der Pressekonferenz des RKI im Juli 2020 sprach er über die Hygiene-Regeln und mahnte eindringlich „... Diese Regeln werden wir noch monatelang einhalten müssen ... die dürfen überhaupt nie hinterfragt werden."

Die letzten Jahre waren so gefährlich, weil sie gezeigt haben, wie schnell es möglich ist, die Grundrechte außer Kraft zu setzen. Die Meinungsfreiheit, wichtigste Säule einer Demokratie, wurde zum verpönten Begriff versponnener „Querdenker". Das Versammlungsrecht, ja selbst das Recht, die eigene Familie zu sehen, der Anspruch von Kindern und Studenten auf Bildung, die Teilhabe von Menschen mit Behinderung und menschenwürdige Arbeitsbedingungen galten nichts mehr im „Kampf gegen Corona". Die weltweit ausgerufene „Corona-Pandemie“ genügte als Rechtfertigung für inzwischen klar belegte Menschenrechtsverstöße.

Die Rolle der Medien

Vergeblich hoffte ich, dass Journalisten auf der Bundespressekonferenz unbequeme Fragen stellen und ihre Aufgabe der unvoreingenommenen Berichterstattung erfüllen würden. Eine positive Ausnahme war Boris Reitschuster, der die Regierungssprecher mit ihren vielen Widersprüchen konfrontierte und konsequent nach Begründungen für die destruktiven Maßnahmen fragte, während die willfährigen Hofberichterstatter noch schärfere Regeln forderten.

Die alternativen Medien klärten hingegen auf und ließen auf ihren Seiten und Kanälen Wissenschaftler zu Wort kommen, die eindringlich vor der Impfung warnten; Fachleute, die Maßnahmen kritisierten und durch echte Expertise gute Gründe lieferten. Die freien Medien erfuhren in dieser Zeit beachtlichen Zulauf. Ein Gegengewicht zu Talkshows zu finden, in denen Leute wie Lauterbach und Drosten allabendlich die Entscheidungen der Regierung untermauerten, wurde für immer mehr Menschen unverzichtbar.

Die öffentlich-rechtlichen Medien wie auch die etablierten Privatsender „glänzten“ mit einseitiger Berichterstattung, medialer Propaganda und verbalen Attacken auf Andersdenkende. Ich erinnere mich gut an die geballte Ladung Hass und Hetze, die Nena entgegenschlug, als sie es wagte, die Coronamaßnahmen anzuzweifeln – als „Coronaleugnerin“ diffamiert, erhielt der beliebte Popstar nun ein neues Label.

Es war die Zeit der selbsternannten Wächter, die begeistert den Schlagzeilen folgten und sich in ihrem Umfeld berechtigt fühlten, Nachbarn, Kollegen oder wildfremde Menschen zu bevormunden, zu beschimpfen und zu kontrollieren. Auch davon zeugen viele Berichte. Oft ist den Leuten nicht klar, was sie angerichtet haben – oder sie wollen es nicht sehen. Die Ergebnisse ihres Handelns, ob boshaft, aus Panik heraus oder unbedacht, schildern hier die Opfer.

Die selbsternannten Denunzianten hatten die Zeit ihres Lebens, wenn sie ihren Nachbarn anbrüllten, er solle die Maske aufsetzen, ältere Frauen auf dem Parkplatz bedrohten, Verwandte verpetzten, wenn diese sich mit mehr Leuten trafen als gerade erlaubt. Und sich dabei noch auf der Seite der „Guten" wähnen durften. Ohne tägliche Angstpropaganda in Verbindung mit massiver Hetze gegen Andersdenkende wäre es nie zu einer solchen Spaltung der Gesellschaft gekommen – das ist meine feste Überzeugung.

Deutlich wurde die Rolle der Presse für mich erstmals so richtig bei der Aktion „Alles dicht machen". Schauspielerinnen und Schauspieler, die sich in Videos gegen den Lockdown aussprachen, ernteten dafür einen bösartigen Shitstorm quer durch alle etablierten Medien. Dass Künstler um ihr Recht auf Publikum und ihren Lebensunterhalt kämpften, erschien mir sinnvoll und berechtigt.

Weil Jan-Josef Liefers bei dieser Aktion mitmachte, empörten sich besonders brave Bürger sogleich auf Twitter, sie würden ab jetzt den „Tatort Münster" boykottieren und die Zeitungen begannen eine regelrechte Rufmordkampagne. Für eine solche Schlammschlacht genügte es schon, wenn man sich mit dem „ketzerischen", weil kritischen Journalisten Boris Reitschuster ablichten ließ, wie Til Schweiger es tat; schließlich reichte schon die Kontaktschuld, um medial gecancelt zu werden. Ich konnte nicht glauben, was da an Niedertracht der „Empörten" zum Ausdruck kam und wie viele Bürger bereit waren, verbal die Mistgabeln zu spitzen, wenn die politmediale Kaste Stimmung gegen jeden machte, der nicht „auf Linie" war. Wie viele nur auf eine Gelegenheit gewartet hatten, ihren offensichtlichen Selbsthass an anderen auszuleben, zeigte sich jetzt offen und deutlich.

Wer braucht schon Meinungsfreiheit?

Die Proteste nahmen weiter zu – und der Staat hielt dagegen. Als friedliche Bürger für ihre Rechte auf die Straße gingen, bemühten sich die Medien nach Leibeskräften, sie als „Rechtsradikale", „Reichsbürger", „Coronaleugner" oder „Verschwörungstheoretiker" zu framen. Massive Polizeigewalt auf Anti-Corona-Maßnahmen-Demos, wie ich sie vorher so in Deutschland nie gesehen hatte, führte zu Bildern, die ich nicht vergessen kann.

Ältere Menschen, die für ihre Freiheit demonstrierten, wurden niedergeknüppelt, Wasserwerfer bei kaltem Novemberwetter auf friedliche Demonstranten gerichtet. Mein Gefühl, hier sollte ein Exempel statuiert werden, bleibt bis heute. Der Gipfel des Infamen waren dann Leute, die dies in den sozialen Medien noch beklatschten und damit zeigten, dass sie jedes Maß an Empathie verloren hatten.

Die Impfpflicht, die in Österreich tatsächlich für jeden galt und von der in Deutschland alle Gesundheitsberufe betroffen waren, war ein Anschlag auf die Selbstbestimmung über den eigenen Körper. Ich kann bis heute noch nicht fassen, dass ernsthaft über eine allgemeine Impfpflicht diskutiert wurde. Es fehlten zur Einführung lediglich 43 Stimmen. Wer dagegen aufstand, wurde ausgerechnet von denjenigen beschimpft, die sonst gern lauthals „My body, my choice" rufen. Aus den ehemals linken, regierungskritischen Gruppen waren längst einfältig krähende Papageien geworden, die hasserfüllt über jeden herfielen, der die Dinge anders sah als „erlaubt". Selbst die angeblich das System bekämpfende Antifa zeigte mit Transparenttexten wie „Wir impfen Euch alle!", auf welcher Seite der Geschichte sie steht.

Zitate gegen Ungeimpfte füllen ganze Bücher und es ist gut, dass all die Unmenschlichkeit dokumentiert wird. Der Tübinger Oberbürgermeister Boris Palmer sprach sich für eine Impfpflicht aus, und betrachtete es als wirksame Möglichkeit der Durchsetzung, die Rentenzahlungen und den Zutritt zum Arbeitsplatz vom Impfstatus abhängig zu machen. Einer Frau, die ihm auf Facebook widersprach, antwortete er: „Sie sind schlicht ignorant. Für Leute wie Sie muss die Impfpflicht her.
Gerne mit Beugehaft." Unvergessen auch Ulrich Montgomery, als er allen Ernstes bei Anne Will von einer „Tyrannei der Ungeimpften" sprach. Wie man es richtig macht, zeigte hingegen die TV-Moderatorin Dunja Halali: Sie postete auf Twitter stolz ihr eingerahmtes Impf-Pflaster.

Wie konnte es so weit kommen?

Diese Frage zieht sich, offen ausgesprochen oder zwischen den Zeilen, durch alle Erzählungen. Wie konnten Freundschaften und Familien an unterschiedlichen Meinungen zu einem einzigen Thema zerbrechen?
Wie wurden manche zu selbst ernannten Staatsdienern, die ihre Mitmenschen drangsalierten und bespitzelten? Wie konnte es zu einer Obrigkeitshörigkeit in einem Ausmaß kommen, das jedes Mitgefühl ausblendet?
Dies wollte Stanley Milgram erforschen, als er erstmals 1961 in New Haven in einem Experiment Probanden dazu aufforderte, einem im Nebenzimmer sitzenden „Schüler" Fragen zu stellen und diesem bei jeder falschen Antwort einen Elektroschock zu verpassen, dessen Stärke sich bei jeder falschen Antwort erhöhte. Erzählt wurde den Testpersonen, es ginge darum, herauszufinden, wie sich Bestrafung auf den Lernerfolg auswirkt. Die „Schüler" waren allesamt Schauspieler, die Elektroschocks nicht echt.
Die Gehorsamsrate war erschreckend hoch: Etwa zwei Drittel der eigentlichen Testpersonen, der Lehrer, gehorchten, obwohl es ihnen teilweise schwerfiel. Auch Schmerzensschreie hielten sie nicht davon ab, trotzdem weiterzumachen. Die Autoritätshörigkeit wog deutlich höher als das eigene Gewissen.

Das Milgram-Experiment wurde in verschiedenen Kulturen und mit unterschiedlichen Gruppen wiederholt. Eine wirklich zuverlässige Erklärung für die blinde Obrigkeitshörigkeit gibt es nicht; aber die Versuche zeigten klar, dass ein Teil der Menschen unter bestimmten Voraussetzungen stets bereit ist, Autoritätspersonen mehr zu gehorchen als dem eigenen Bauchgefühl und Gewissen. Dass diese besorgniserregende Manipulierbarkeit auch zukünftig totalitären Strömungen in der Gesellschaft den Boden bereiten kann, ist zu befürchten.

Von der Entstehung einer totalitären Bewegung handelt auch Morton Rhues Roman „Die Welle".
Bei mir in der Schule war das Buch Pflichtlektüre. Wie viele haben es ebenfalls gelesen oder den Film gesehen und merkten nicht einmal, dass sie diese totalitären Strukturen gerade live miterlebten?

Wie schnell die Maske des freundlich-harmlosen Bürgers fallen kann und dieser sich in einen böswilligen Denunzianten verwandelt, davon zeugen zahllose Geschichten der Opfer. Nicht umsonst wurden Ex-DDR-Bürger besonders misstrauisch, denn sie hatten die Mechanismen totalitärer Strukturen schon einmal erlebt.
Doch die Geschichten machen auch Mut. Denn es waren mutige Menschen, die mit offenen Augen durch die Welt gingen, die ihr Bauchgefühl nicht ignorierten und die entgegen massivstem Widerstand Wege fanden, das Leben für sich und ihre Familien dem staatlichen Zwang zu entziehen. Sie haben einen Unterschied gemacht und gezeigt: Es geht auch anders. Menschen, die anderen halfen, sich gegen Diskriminierung und Menschenrechtsverletzungen zu wehren. Priester, die ihre Gläubigen trotz Kirchenschließung nicht allein ließen, Lehrer, die sich für die Rechte der Kinder einsetzten, Krankenschwestern, Pflegerinnen und Pfleger, Ärzte, Chefs und viele mehr, die das Wohl anderer über staatliche Verordnungen stellten.

Dies machte sie zur Zielscheibe für alle, die genau das nicht sehen wollten – dass es auch anders geht. Diesen Menschen, die entgegen jedem Widerstand ihrem Gewissen folgten, gebührt größter Dank und höchster Respekt. Und ihre Geschichten sollten gerade von denen gelesen werden, die mitgemacht haben. Denn einigen war vielleicht nicht bewusst, wie viel Leid sich direkt nebenan ereignet hat. Und nur durch das Verständnis für die Wirklichkeit anderer Menschen kann auch wieder eine Annäherung stattfinden. Denn vergessen wir nicht: Die Spaltung war von denen gewollt, die teilten und herrschten. Ich selbst würde lieber in einer starken, eigenverantwortlichen Gesellschaft leben, die für destruktive Mechanismen feine Antennen entwickelt – und trotz verschiedener Meinungen zusammenhält.

Ausgrenzung in der Freizeit

Anna, 31, Hauswirtschaftskraft

Die letzten drei Jahre haben vieles bei mir verändert. Ich bin nicht mehr der Mensch, der ich vor der Coronazeit war. Denn ich habe mich weiterentwickelt und habe ein ganz anderes Bewusstsein entwickelt. All die beschränkenden Maßnahmen, vor allem der Impfdruck, haben mich sehr belastet.
Als junge Erwachsene machte ich regelmäßig Aikido – es war mein wichtigstes Hobby. So wichtig, dass ich bei Wind und Wetter mit dem Fahrrad 10 Kilometer hin und 10 Kilometer zurückgefahren bin. Ich habe mehrmals die Woche trainiert und an vielen Lehrgängen teilgenommen. Ich hatte auch ein sehr gutes Verhältnis zu meiner Aikido-Lehrerin. Aikido hat mich begeistert, ich war Feuer und Flamme. Das sollte sich mit „Corona" schlagartig ändern.

Es fing damit an, dass wir fast eineinhalb Jahre lang nur ohne Kontakt trainieren durften, um uns nicht zu infizieren. Von da an fuhr ich nicht mehr so regelmäßig zum Training und mein Antrieb ließ nach. Ich sah keinen Sinn darin, an bestimmten Haltetechniken in die Luft zu greifen. Aber nun gut, es war besser als gar nichts und Atemübungen und Übungen mit Stöcken und Schwertern konnte man auch gut ohne Kontakt praktizieren.
Aber dann kam der Frühling 2021 und der Impfdruck nahm zu. Nach Ostern 2021 ging es dann mit dem Impfen richtig los. Für mich war klar, dass ich mich nicht impfen lassen werde, weil ich kein Vertrauen zu diesen Impfstoffen habe. Ich wusste nicht, wie mein Körper reagiert, da ich sowieso schon Probleme mit Heuschnupfen habe, nachdem ich als Kind gegen alle Kinderkrankheiten geimpft wurde. Zudem leide ich seit der Pubertät an Akne Inversa, einer Autoimmunerkrankung der Haut. Alle, die zu dem Zeitpunkt über 50 oder vorerkrankt waren, ließen sich impfen, auch meine Aikido-Lehrerin.

Eines Nachmittags hatte ich ein Einzeltraining mit ihr und da sagte sie etwas, das ich nie vergessen werde: Sie erzählte mir voller Freude, dass sie am Vortag mit zwei Frauen zum ersten Mal wieder richtig mit Kontakt trainiert hat, weil

diese geimpft waren – sie meinte, dass es doch für mich auch ein Vorteil wäre, wenn ich mich impfen lassen würde. Obwohl sie genau wusste, dass ich die Impfung für mich ablehnte. Außerdem brauchte niemand Angst vor mir zu haben, da ich jeden Tag negativ getestet wurde – ich arbeite in einem Altenheim in der Küche.
Ich wusste nicht so recht, wie ich reagieren sollte und habe nichts dazu gesagt, aber das war mein letztes Training mit ihr. Ich fühlte mich diskriminiert, ausgegrenzt und nicht respektiert, daher kündigte ich ohne Begründung und wechselte den Trainingsort. Dort wurde auch wieder ganz normal mit Kontakt trainiert, ohne, dass man ein Impfzertifikat vorzeigen musste. Ich war froh, endlich wieder richtig trainieren zu können und obwohl ich dort eine absolute Anfängerin war, fühlte ich mich gut aufgenommen und lernte einiges dazu.

Aber dann kam der Herbst 2021 und es wurde zunehmend Hetze betrieben. Ungeimpfte sollten vom öffentlichen Leben ausgeschlossen werden. Um in der Freizeit noch mit Freunden essen gehen zu können, musste ich jedes Mal recherchieren, wo noch 3G galt. Es gab immer weniger Möglichkeiten für mich, trotz negativem Test, da alles auf 2G umgestellt wurde.
Zeitgleich konnte ich immer unregelmäßiger trainieren, da sich meine Akne Inversa verschlimmert hatte und mein linker Oberarm andauernd entzündet war: Die Erkrankung ist bei mir psychosomatisch – Stress kann der Auslöser für einen Schub sein.
Es war für mich Stress pur, denn tagtäglich wurden überall die Regeln geändert und verschärft. Wo ich die Woche zuvor noch mit einem negativen Test hereinkam, ging es die Woche darauf schon nicht mehr. Mein Job stand auf der Kippe, weil bald die einrichtungsbezogene Impfpflicht in Kraft treten sollte. Ende November 2021 begann dann der totale Lockdown für Ungeimpfte, überall galt nun 2G oder 2G plus. Zum Training bin ich dann auch nicht mehr gegangen. Ich war überzeugt, dass ich dort nicht mehr erwünscht war.
Nach einigen Monaten bekam ich ein ärztliches Attest, das besagte, dass die Impfung bei mir einen Akne-Inversa-Schub auslösen kann und ich deshalb von der einrichtungsbezogenen Impfpflicht befreit werden sollte. Dieses Attest rettete mir den Arbeitsplatz.

Mama geht zur Post

Mary, 57, Taxifahrerin

Meine 76-jährige Mutter ging im November 2020 zur Post.
Kurz vor dem Eingang traf sie auf einen Bekannten, der dort mit Freunden stand und sie zu einem Mord an einem gemeinsamen Bekannten in unserem Stadtteil befragen wollte. Dies hatte hohe Wellen geschlagen, weil die Täter von den Medien eher als Opfer präsentiert wurden – und meine Mama kannte den Verstorbenen schon als Kind.

Sie berichtete dem Bekannten also kurz, was sie wusste und ging dann weiter zum Eingang. Da hörte sie, wie jemand rief, sie solle mal stehenbleiben. Als sie sich umsah, sah sie, wie Uniformierte aus einem Einsatzwagen stiegen und dachte, es sei die Polizei. Es war jedoch das Ordnungsamt, neuerdings uniformiert wie Polizeibeamte. Mama hätte an einer verbotenen Versammlung teilgenommen und solle nun ihren Personalausweis herausgeben! Man hat meine Mutter dort eine halbe Stunde alleine in der Kälte stehen lassen, bis man sich bequemte, ihr den Ausweis zurückzugeben und sie endlich gehen ließ. Ihr Vergehen: „Verbotswidriges Zusammentreffen von mehreren Personen im öffentlichen Raum“.

Meine Mutter hat das so mitgenommen, dass sie uns Kindern erstmal gar nichts erzählte. Sie hatte einige Tage Gallenbeschwerden und eine entzündete Blase ... an einen Arztbesuch war in dieser Zeit nicht zu denken und sie hat sich selber kuriert.
Dann kam der Bußgeldbescheid über 278,50 Euro – endlich erzählte sie mir, was passiert war. Nicht einmal ihre Personalien stimmten! Auf dem Bescheid war ein anderes Geburtsdatum eingesetzt. Vielleicht hätte man daraufhin den gesamten Bescheid für ungültig erklären müssen. Ich habe die Fehler erwähnt, aber es wurde nicht darauf eingegangen. Ich habe einen Widerspruch für sie geschrieben und der wurde abgelehnt. Es ging also nun vor Gericht! Meine Mutter bekam immer mehr Angst, auch wenn ich ihr versicherte, dabei zu sein

und notfalls einen Anwalt zu beauftragen. Dann kam die Einladung zum Gerichtstermin. Und die Gerichtskosten dazu!
Einige Tage vor dem Termin gestand meine Mutter mir, dass sie noch einen Brief erhalten hatte. Wenn sie auf den Gerichtstermin verzichtete, würde sie nur 50 Euro zu zahlen haben und fertig. Darauf ist sie in ihrer Angst eingegangen, ohne mir das mitzuteilen. Dann erhielt sie den abschließenden Bescheid, der dem Fass den Boden ausschlug: Ihr Einverständnis setzte man mit einer Anerkennung der „Tat" gleich und zu den 50 Euro kamen noch Gerichtskosten, die sie auch noch zahlen musste!

Ich koche heute noch vor Wut, wenn ich daran denke, wie unsere Behörde alte Leute in Angst und Schrecken versetzt hat, sodass viele einsam ihre Tage meistern mussten und sich ständig durch die bloße Existenz ihrer Mitmenschen „vom Tode bedroht" fühlten. Gott sei Dank hat meine Mutter sich nicht impfen lassen, sie hat sowieso schon Thrombosen und das hat ihr wohl das Durchhaltevermögen erhalten. Dafür wurde sie aus dem Kirchenchor ausgeschlossen, in dem sie schon 20 Jahre lang sang. Die geimpften und getesteten Frauen sangen dann mit Maske in der Kirche und hörten auf, meine Mutter zu grüßen, wenn sie ihr begegneten. Einige dieser Frauen sind mittlerweile verstorben, ob durch die Folgen der Impfung oder andere Krankheiten ... wer weiß?

Ich habe gesehen, wie weh ihr das tat und konnte es doch nicht ändern. Im März 2022 hatte sie dann „Corona" in Form einer mittelschweren Erkältung. Ich habe mit viel Vehemenz und nach 100 gefühlten Warteschleifen und Abwimmelversuchen erreicht, dass das Team mit dem PCR-Test zu ihr nach Hause kommt, damit sie zumindest einen Genesenen-Nachweis erhält. Das Ergebnis wurde dann digital „zugänglich" gemacht ... das war ein Spaß, der zwei Tage dauerte und auch hier waren falsche Personalien vermerkt. Ein Wahnsinn!
Wie konnte das in so kurzer Zeit passieren, dass die Gesellschaft das logische Denken komplett aufgibt und sich diesem Nihilismus ergibt, ohne ihn überhaupt zu erkennen? Es ist ja auch jetzt noch so ... ich versuche einige alte Freundschaften zu erhalten und es geht nur, wenn wir das Thema ausklammern. Es sind wirklich kluge Leute dabei, das macht es so gruselig. Sie akzeptieren

„meine Meinung" ... das ist alles, was ich erwarten darf. Und natürlich erstreckt sich diese Schere im Kopf auch auf das Thema Ukraine und Klima.
Was können wir noch tun?

Gefährliche Lektüre

Torsten, 58, Installateur

Im September 2020 fand bei uns eine der ersten Coronademos statt. Kurz bevor die Demo endete, sonderte ich mich von der Menge ab; da kam ein netter junger Mann um die Ecke, er trug einen großen Stapel Grundgesetzbücher. Ich fragte ihn höflich, ob ich ein Exemplar haben könnte? „Klar, dafür habe ich die besorgt." Nun nahm ich das Grundgesetz, setzte mich allein auf eine Bank vor dem Rathaus und begann zu lesen.
Die nächsten Personen, Bekannte von mir, standen etwa vier Meter entfernt. Plötzlich sah ich sechs Kampfstiefel vor mir – ich kann das beurteilen, ich war bei der (heute) „Bunten"-Wehr. Ich sah hoch und vor mir standen drei Polizisten. Zwei jüngere und ein älterer in der Mitte. Der ältere Polizist sprach mich an mit folgenden Worten: „Ich solle schnellstmöglich den Platz verlassen!"
Ich sah mich um, niemand war in der direkten Nähe. Ich fragte: „Warum?".

Die Antwort des Polizisten: „Sie verlassen jetzt hier den Platz oder Sie kommen 24 Stunden in Gewahrsam!" Als ich dem nicht nachkam, weil ich den Sinn darin nicht verstand, fragte ich nach, was ich denn getan hätte? Achtung, jetzt gut aufpassen: Der Beamte entgegnete, durch das Lesen des Grundgesetzes würde ich eine politische Äußerung kundtun. Mir fiel die Kinnlade herunter.
Meine Antwort darauf fiel nicht gerade nett aus, weil ich so schockiert war: „Darauf habt Ihr einen Schwur oder Eid geleistet – was bildet Ihr Euch ein?"
Ich hatte ja niemanden gefährdet oder belästigt, sondern nur allein auf einer Parkbank gesessen. Schwups, befand ich mich in Polizeigewahrsam. Nicht für

24 Stunden, sondern für ca. 9 Stunden – aber für nichts. Man warf mir Beleidigungen entgegen wie Aluhutträger, Querdenker (eigentlich ein Kompliment, denn Querdenker haben Waschmaschinen, Raketen, Autos und das Rad erfunden) oder Impfgegner – das bin ich nicht, ich lehne nur diese Plörre ab. Meine 83-jährige Mutter übrigens auch.

Und natürlich fiel auch das Wort „Nazi". Nur eine Person hat sich später dafür bei mir entschuldigt. Die Beleidigung „Arschloch" empfinde ich beinahe schlimmer als den völlig inflationär gebrauchten und damit sinnentfremdeten Begriff. Ganz im Gegenteil, ich bin schon fast stolz darauf, denn das wird jedem an den Kopf geworden, der die Regierung kritisiert.
Viele meiner geimpften Freunde, Bekannten und Arbeitskollegen haben nach der Impfung Probleme. Von niedriger Körpertemperatur (34 Grad), Sehstörungen (ein Freund darf nicht mehr Lkw fahren) bis hin zur Dauererkrankung. Einmal kam es sogar zum Notarzt-Einsatz, und ein Bekannter landete im Krankenhaus: Atemzusammenbruch nach der dritten Impfung.
Niemand in meinem Umkreis lässt sich noch einmal impfen. Im März 2022 hatte ich Corona: Ich lag zwei Tage flach und hatte fünf Tage lang Husten – Ende. Geimpfte sind oft bis zu vier Wochen schwer krank – und das dann auch drei bis fünf Mal hintereinander.

Die Menschen drehten durch

André, 48, Einzelhandelskaufmann

Ich habe viel in der Coronazeit erlebt. Hier möchte ich meine schlimmsten Erfahrungen aus den Jahren 2020 und 2021 schildern.

Beim Einkauf in einem Supermarkt rammte mir ein Mann seinen Wagen voll in meinen gefüllten Einkaufswagen. Dabei schrie er mich vor allen Kunden und Mitarbeitern an, ich sei ein Mörder – weil ich ohne Maske herumlief. Er wollte mich sogar körperlich angreifen, aber ich warnte ihn: Ich sagte, ich habe nicht nur eine Maskenbefreiung, sondern bin auch ungeimpft – und er soll mir lieber nicht zu nahekommen!

Er tobte und schrie immer weiter und rammte mich gewaltsam mit seinem Einkaufswagen. Das ging so weit, dass mich das Personal fragte, ob ich Hilfe brauche und ob sie die Polizei holen sollten. Sie wussten, dass ich dort Stammkunde bin und noch dazu immer ordentlich Geld daließ. Auch meine Maskenbefreiung war ihnen bekannt, sie stellten sich während dieses Angriffs klar auf meine Seite. Der Mann schrie einfach weiter und bockte wie ein Kleinkind.

Er brüllte, ich wäre verantwortlich für all die Coronatoten da draußen und für den Lockdown, nur unseretwegen gäbe es den Lockdown überhaupt noch – und so ging es eine ganze Zeit lang weiter. Irgendwann ließ er den Wagen dann stehen und schimpfte, er würde nie wieder dort einkaufen. Ein junger Mitarbeiter antwortete ihm lässig, das sei nicht schlimm, da er ja nicht mal einen Bruchteil dessen, was ich dort immer umsetze, einkauft; seine drei Bier fallen da nicht ins Gewicht. Dieser Vorfall zeigt plakativ, wie irre das alles doch war.

Einmal war ich mit meinem Sohn in einem Hotel in Dresden – nach dieser Erfahrung machte ich dann in Coronazeiten nie wieder in deutschen Hotels Urlaub.

Stattdessen fuhren wir nach Tschechien, Polen und Kroatien, da es dort keinerlei Repressalien gab. In diesem Dresdner Hotel mussten alle Touristen auf Anordnung des dortigen Ordnungsamtes tatsächlich die ganze Zeit Maske und Handschuhe tragen – selbst beim Essen wurde darauf geachtet, dass wir ständig immer wieder zwischendurch die Maske wieder über Mund und Nase zogen. Es war reine Gängelung – für uns Gäste bedeutete das puren Stress statt Urlaub oder Erholung. Meine Maskenbefreiung wurde dort nicht akzeptiert. Pure Schikane, auch der Quatsch mit irgendwelchen Pfeilen, die auf die Erde geklebt wurden – man wurde wie ein Kleinkind behandelt.

Eine Frau lief in einem Supermarkt einmal laut schreiend vor mir weg, weil ich keine Maske trug und in einem Discounter wurde ich von einem Pärchen mit Kind lautstark angebrüllt, ich sei verrückt und mit einem Mörder gleichzusetzen – weil ich auch dort ohne Maske einkaufte. Das Personal an der Kasse lachte nur darüber und auch dort drohte das Pärchen: „Wir kaufen hier nie wieder ein."

Eine erniedrigende Erfahrung musste ich in einer Arztpraxis machen. Man ließ mich bei brütender Hitze ohne Schatten stundenlang draußen stehen, obwohl drinnen Stühle frei waren. Ich wurde angeherrscht, als Ungeimpfter und noch dazu mit Maskenbefreiung dürfe ich dort nicht warten. Als ich dann irgendwann endlich drankam, musste ich ganz schnell durch den Warteraum huschen und durfte mit der Ärztin nur von Weitem reden. Was war das herrlich, als ich immer wieder, um dem Wahnsinn hier zu entfliehen, die schönsten Urlaube in Kroatien, Tschechien und Polen verbringen konnte – entgegen den Erzählungen der hiesigen Presse, die uns weismachen wollte, es sei dort genauso schlimm wie bei uns. Ich habe es genossen, in diesen wunderbaren Ländern nirgends angegriffen oder angefeindet zu werden – und mich auch ohne Maske und Impfung als freier Mensch zu fühlen.
Diesen Urlauben ist es zu verdanken, dass ich trotz allem gut durch diese Zeit kam, während sich viele aus Angst impfen ließen und jetzt mit körperlichen Beschwerden zu kämpfen haben oder sogar verstorben sind. Es zeigt mir, wir lagen von Anfang an richtig, auch wenn wir wegen unserer Sicht auf die Dinge als Verschwörungstheoretiker abgestempelt wurden.

Mein Alltag als Ungeimpfte

Annabelle, 67, Pflegefachkraft

Unsere Pflegeeinrichtung gibt sich sehr viel Mühe, für das körperliche und mentale Wohl unserer Bewohner zu sorgen. Nachdem wir COVID-19 durch Hygiene, Tests usw. erfolgreich abwehren konnten, starben innerhalb kürzester Zeit nach den Impfungen sehr viele Bewohner – und nicht an COVID-19. Die Erkrankungen waren nicht wirklich alterstypisch, sie traten alle plötzlich auf.
Unerwartet war es nur in der Hinsicht, dass mit solch einer Anzahl an hintereinander Verstorbenen – innerhalb weniger Tage oder weniger Wochen – und eigenartigen Ursachen nicht gerechnet wurde. Darunter war auch das Versagen von gerinnungshemmenden Medikamenten. Aber es wurde im großen Ganzen dem voranschreitendem Alter zugesprochen. Im dritten Corona-Jahr hatten die Geimpften trotz Schutzimpfung dennoch Corona, oftmals die Omikron-Variante.
Alle haben Corona überwunden, ohne weitere Schäden oder „Long Covid". Ich, ungeimpft, im Übrigen auch mit über 65 Jahren.

Wir hatten wenige Bewohner, die aufgrund einer COVID-19-Erkrankung pflegebedürftig bei uns einziehen mussten, da sie nach der Erkrankung pflegebedürftig wurden, auch das ist der Ehrlichkeit halber zu benennen. Allerdings waren jene schon im Vorfeld schwer chronisch krank und mit schweren Organschäden behaftet. Bis zur Covid-Erkrankung waren sie noch selbstständig, danach nicht mehr. Mit diesen Ergebnissen ging ich dann in den Ruhestand. Meine Berufslaufbahn hatte nach fast 50 Arbeitsjahren einen entsetzlichen Abschluss gefunden. Davon abgesehen, sind einige aus meiner Familie nach der Corona-Schutzimpfung schwer erkrankt. Dies wurde ärztlich bestätigt und an das PEI gemeldet. Mich selbst hat das dann bewogen, mich ja nicht mit diesem künstlichen Impfstoff impfen zu lassen, egal ob ich deswegen meinen Job verlieren sollte oder weiter arbeiten darf, trotz der einrichtungsbezogenen Impfpflicht.

Auch Repressalien nahm ich hin, wie den Umstand, dass ich Tests selber bezahlen musste, wenn ich mit meinem Enkel in den Urlaub abgehauen bin und nach 24 Stunden schon ein neuer im Hotel vorliegen sollte. Weil ich mich nicht dauernd im Testzentrum bei der Massentesterei anstellen wollte, bin ich ein halbes Jahr nicht mit der Straßenbahn gefahren und konnte auch meinen, in der gleichen Stadt wohnenden, anderen Enkel nicht besuchen. Weil nur die Tests galten, die aus offiziellen Testzentren kamen und bei einer Straßenbahn-Fahrt vorzuweisen waren. Obwohl ich als Angehörige im Pflegeberuf sogar Pflegebedürftige, Arbeitskolleginnen und Kollegen sowie Besucher und mich selbst täglich testen musste.

Es war in dem Jahr, in dem Erwachsenen auf schlimmste Art und Weise Kinder als „Die Ratten der Pest“ suggeriert wurden – dank der Diffamierungen einiger unrühmlicher Persönlichkeiten der Öffentlichkeit. Und es galt die Mund-Nasen- Schutzpflicht. Mein Enkel, 10 Jahre alt und ich fuhren zusammen in den Urlaub. Mit Koffer und Rucksack behangen wollten wir uns auf einen der vorderen Plätze setzen, die zum Ausklappen im Abteil für Fahrradmitnahme, damit wir nicht mit Gepäck durch das Abteil mussten, denn dieses war ja sehr schwer. Plötzlich schrie eine Dame, die dort schon saß, laut und entsetzt auf: „Ein Kind!“

Ich war stinksauer, sagte ihr aber, sie solle sitzen bleiben. „Quälen wir uns eben durch das volle Abteil mit dem Gepäck“, antwortete ich der entsetzlich aufgeregten Person; „Wir sind beide gesund, was ich von Ihnen nicht behaupten kann. Sie sind hysterisch!“

Einmal um den Parkplatz

Franz, 72, Rentner

Ein kleines, unspektakuläres Ereignis aus der Coronazeit, das mir einfach nicht aus dem Kopf geht: Nachdem es uns gnädigst gestattet wurde, unter vielen Auflagen wieder in Baumärkten einzukaufen, suchte ich meinen örtlichen Baumarkt auf, um ein Metallblech zu kaufen. Ich wollte bewusst den örtlichen Betrieb unterstützen, gerade wegen der persönlichen Beratung, die dort stets geleistet wurde – anders als in den großen Baumarktketten.

Am Eingang war ein junger Mitarbeiter positioniert, nach meiner Schätzung ein Auszubildender im ersten Lehrjahr. Er trug eine auffällige Signalkleidung und hatte offenbar die Aufgabe, die Einhaltung des betrieblichen Corona-Schutzkonzepts zu überwachen. Mit Schutzmaske betrat ich den Markt und kaufte das gewünschte Teil. Am Ausgang ging ich geradewegs in Richtung meines ca. fünf Meter entfernten Autos, als mich plötzlich jemand laut anschrie: „Stopp, so können Sie nicht gehen!“ Ich drehte mich um und entdeckte den Knaben von vorhin. Auf die Frage „Warum denn nicht?“ antwortete er mir: „Vorschrift!“, und zeigte auf ein DIN A5- Blatt mit einem Pfeil in die entgegengesetzte Richtung.

Damit es nicht zu einer Begegnung mit anderen Kunden kommen konnte, war anscheinend ein Einbahnverkehr beschildert, den ich zunächst nicht erkannt hatte. Hier war aber außer mir kein einziger Kunde zu sehen. Auf halbem Weg zu meinem Auto, ich hatte noch ca. 2 Meter vor mir, schrie er mich wieder an: „Kehren Sie sofort um, oder es gibt eine Anzeige!“. Das tat ich dann tatsächlich – und bis heute kann ich nicht verstehen, was mich dazu brachte, diesen Irrsinn mitzumachen. Ich musste einen Umweg von etwa 30 Meter laufen, um zu meinem Auto zu gelangen! Ich rief ihm noch zu: „Diesen Laden betrete ich nie mehr!“ Auf der Heimfahrt ging mir alles noch mal durch den Kopf. Ich hatte mich sehr aufgeregt und dachte, dass mir seit meiner Bundeswehrzeit vor 50 Jahren solche irrsinnigen Befehle und Demütigungen nicht mehr begegnet sind.

Ich überlegte, ob ich diesen Vorfall dem Marktleiter melden sollte, entschied mich aber, es nicht zu tun. Die Antwort und Ausrede, der Mitarbeiter hätte nur seine Pflicht getan, wollte ich mir ersparen. Ich schildere dieses relativ unbedeutende, aber für mich unvergessliche Ereignis, das mir deutlich vor Augen führte, wie schnell der vernünftige Menschenverstand ausgelöscht und Leute zu willigen, systemtreuen Helfern erzogen werden können. Erschreckend! Wehret den Anfängen!

Maskendrama im Zug

Bärbel, 51, Unternehmensberaterin

Das Zugpersonal rief die Bundespolizei, weil ein Mann im Bordrestaurant ohne Maske trank.

Ich: „Der Mann hat sich ruhig und freundlich verhalten, die Bedienung war extrem unfreundlich."

Polizist: „Ja, das habe ich schon verstanden, wir möchten ihn jetzt aber gerne von der Fahrt ausschließen. Das hat jetzt nichts Strafrechtliches oder so, weswegen wir da jetzt mit im Boot sind. Das wäre jetzt eigentlich eine Sache zwischen der Deutschen Bahn und deren Sicherheit. Wir haben hier keine Ansprüche zwecks Straftat."

Ich: „Aber das kann doch nicht sein, dass Sie einen freundlichen Gast, der sich normal verhält, dass Sie den aus der Bahn rausschmeißen!"

Polizist: „Wir schmeißen ihn ja nicht raus. Wir weisen ihn jetzt darauf hin, dass die Bahn ihn von der Fahrt ausschließen möchte. Die Bahn hat das Recht dazu. Alles andere könnte wiederum in Richtung Hausfriedensbruch gehen, dann wären wir wieder mit im Boot."

Ich: „Aber Hausfriedensbruch ist, wenn man sich nicht gut verhält. Das hat sie gemacht." (Gemeint war eine sehr unfreundliche Bedienung im Bordrestaurant).

Polizist: „Das kann ich leider nicht nachweisen."

Ich: „Aber ich bin Zeugin, ich möchte dafür Zeugin sein."

Polizist: „Ja, ich kann Ihnen nur sagen, dass Sie das Recht dazu haben."

Ich: „Also das ist extrem unangemessen. Extrem."

Polizist: „Ja, das kann ich verstehen. Deswegen habe ich auch keine strafrechtlichen Ansprüche oder so, weil ich das auch nicht sehe, dass hier ein Verstoß gegen das Infektionsschutzgesetz vorliegt."

Zu einem Mitarbeiter der Bahn: „Sie bleiben dabei? Dann ist das aber eine Sache zwischen der DB Sicherheit und Ihnen. Deshalb würde ich darauf aufpassen, dass es bei der Durchsetzung des Hausrechts zu keiner körperlichen Auseinandersetzung kommt. Er (gemeint ist der Gast, der von der Fahrt ausgeschlossen wird) trinkt noch was. Entschuldigung, ich verstehe das auch nicht ganz."

Ich: „Ist das wirklich Ihr Ernst? Was machen Sie denn da? Können Sie heute Nacht noch schlafen?"

Mann vom Service-Personal: „Ich kann noch schlafen."

Ich: „Das wundert mich, das sollten Sie vielleicht nicht mehr. Das ist unmenschlich, was Sie machen. Das ist unmöglich! Aus menschlicher Sicht das Allerletzte."

Der Gast, der ohne Maske trank: „Ich packe jetzt mal ein. Muss ja jetzt niemand meinetwegen oder wegen was auch immer hier sein."

Ich: „Der Mann hat nichts gemacht und die Bediensteten hier sind schon während der gesamten Fahrt extrem unfreundlich und unverschämt zu den Gästen hier im Zug. Mein Kollege berichtet das auch. Das ist unmöglich, was hier passiert, das geht gar nicht. Der Mann hat ganz ruhig dort gesessen und war die ganze Zeit über freundlich und höflich."

Polizist: „Ich hab's Ihnen jetzt auch gesagt. Wir treffen keine polizeilichen Maßnahmen. Das ist alles zwischen der Bahn und den Kunden."

Ich: „Was ist denn dann die Bahn, was sind das denn für Menschen?"

Der eben hinzugekommene Zugführer schlägt meinem Begleiter ohne jede Vorwarnung das Handy aus der Hand. Es fällt zu Boden, funktioniert aber noch.

Ich: „Sie können doch meinem Begleiter nicht das Handy aus der Hand schlagen!"

Mein Begleiter: „Sie könnten mich freundlich ansprechen!"

Anderer Gast: „Entschuldigung, hier ist auch noch ein Kind im Raum. Können wir vielleicht alle ein bisschen ruhiger werden?" (Das Kind trägt selbstverständlich Maske).

Polizist zum Zugführer: „Das ist eine Entscheidung Ihrer Mitarbeiter, nicht unsere."

Ich zum Zugführer: „Wollen Sie eine Anzeige wegen Sachbeschädigung?"

Zugführer: „Sie kriegen gleich eine Anzeige von mir!"

Nicht mehr mein Land

Ralph, 47, Koch

Da ich mich schon seit Jahren durch den Kaninchenbau der Mächtigen wühle und einen ganz guten Überblick über politische Motivationen und Hintergründe habe, habe ich auch sehr früh erkannt, dass hier irgendwas nicht stimmen kann.

Die üblichen Verdächtigen hatten also wieder eine „Pandemie" ausgerufen und durch die mediale Bombardierung mit immer neuen Schreckensmeldungen alle Aufmerksamkeit an sich gerissen. Gerade Drosten, Wieler und Lauterbach waren mir schon lange bekannt und es fing ja auch schon ganz am Anfang völlig widersprüchlich an. Ich machte mir wie immer mein eigenes Bild und recherchierte mir sämtliche Informationen von möglichst unabhängigen Quellen zusammen. Ich war mir nach anfänglicher Sorge, es könne sich diesmal wirklich um eine globale Bedrohung handeln, ziemlich schnell sicher, dass hier etwas gänzlich anderes ablief, als Medien und Politik uns weismachen wollten.

Diese Meinung habe ich auch schon Anfang 2020 sehr offen vertreten und auch sehr gut belegen können. Schon dort fing es für mich an, unbequem zu werden, und ich kapselte mich in Pausen von den Arbeitskollegen ab, die voll in Aufruhr und Panik versetzt waren und schon damals wie selbstverständlich alle Narrative der Tagesschau und BPK übernahmen und als eigene Meinung propagierten. Meine Meinung war ja nur „Geschwurbel und Verschwörungstheorie" und ich solle doch nicht alles glauben, was ich auf YouTube sah ...

Doppelmoral auf Knopfdruck – das sagte ich meinen bis dato noch befreundeten Kollegen unverblümt und offen. Irgendwann hieß es dann, ich könnte nicht weiter dort beschäftigt werden – der Job war also futsch. Nach ein paar Monaten weiterer Recherchen meinerseits eröffnete ich einen Kanal auf YouTube und teilte mein Wissen mit jedem, den es interessierte. Das war sogar schon im März 2020, als ich noch in Beschäftigung war.

Auch gründete ich eine Telegram-Gruppe und veröffentlichte fleißig, was ich mir erarbeitet hatte. Die Monetarisierung von YouTube war schon nach dem ersten Video gestrichen, aber das war ohnehin nicht meine Intention. Ständig wurden Videos gelöscht, trotz Quellenangaben und unwiderlegbarer Fakten. Begründung: „Medizinische Falschinformation", oder „Verstoß gegen die Richtlinien". Ich veröffentlichte auch auf Bitchute und Odysee.

Schnell kamen Gespräche zu einer neuartigen „Impfung" auf und auch alles andere Übel nahm weiterhin seinen Lauf. Maskenpflicht, Lockdowns und später Testpflicht, der ich mich anfangs sehr gut entziehen konnte. Ich wusste um die Unbrauchbarkeit des Tests und habe auch schon im April 2020 ungefähr gewusst, was diese Impfung tatsächlich auslösen würde, was mich dann auch sehr früh zu Prof. Dr. Bhakdi führte, dessen Thesen ich u.a. vollständig teilte. Kurz gesagt: Ich war von Anfang an Zielscheibe und Prügelknabe von Gesellschaft und Medien.

Sehr schnell heizte sich die Stimmung gegen Menschen wie mich auf. Ich verlor auch den nächsten Job, weil ich nicht bereit war, mich jeden Tag testen zu lassen, um den Bus zur Arbeit betreten oder später überhaupt noch arbeiten zu dürfen. Sogar das Jobcenter versuchte, mich unter Druck zu setzen. Ich hätte ja eine Mitwirkungspflicht und ob es da nicht besser wäre, mich „einfach mal impfen" zu lassen, da es ja früher oder später Sanktionen geben würde. Solange ich nicht gesetzlich verpflichtet bin, mich einer solchen Behandlung zu unterziehen, werde ich gar nichts tun und unter diesen Voraussetzungen einen Job zu finden war ebenfalls unmöglich, was sogar das Jobcenter eingesehen hat.
Fortan fuhr ich also weder Bus noch Bahn, machte mein altes Rad fit und schwamm weiter gegen den Strom. Man solle mir sämtliche Leistungen sperren und mich mit der Polizei abholen und unter Zwang impfen lassen, denn wegen solcher „Untermenschen" und Egoisten wie mir dürfe niemand raus und gäbe es all die Maßnahmen, wurde mir auf der Arbeit mitgeteilt. Daraufhin beschloss ich, auch diesen Job, eine Maßnahme, unter den gegebenen Umständen nicht weiter auszuüben.

Jeder hatte plötzlich das Recht, mich zu beleidigen, zu verunglimpfen, zu diskreditieren und auszuschließen und mein erster Kanal auf YouTube war dann auch schnell gelöscht!

Ganz egal, welches Programm im TV oder Radio lief, welche Zeitung man aufschlug oder welche Gesprächsfetzen man so mitbekam, überall ging es um die verdammten Ungeimpften, die an allem schuld waren! An der kleinsten, schmierigsten Frittenbude hing ein Schild: „Ungeimpfte werden hier nicht bedient!"

Ich hatte ja nun viel Zeit und nahm alles und jedes Narrativ auf Facebook, YouTube und Twitter auseinander. Und gerade Twitter ist die Heimat der völlig verstrahlten, obrigkeitshörigen und von Hass zerfressenen Figuren, die scheinbar nur darauf gewartet hatten, dass eine Gruppe jetzt endlich mit staatlicher Rückendeckung gehasst und beschimpft werden konnte. Sämtliche Versuche, sich dagegenzustellen, wurden entweder gelöscht, gemeldet oder unterbunden. Jetzt, wo so viel herausgekommen ist und immer mehr ans Licht kommt, soll immer noch alles unterdrückt werden. Keine Aufarbeitung, kein Wille dazu in der Justiz, es herrscht Schweigen im Wald! Die schlimmsten Hetzer und willfährigen Erfüllungsgehilfen eines enthemmten, übergriffigen Staates sitzen noch immer auf den gleichen Positionen und tun so, als wäre nie etwas geschehen. Keine Entschuldigung, keine Entschädigung für so viel Leid!

„Plötzlich und unerwartet" sterben immer mehr Menschen, kritische Fragen werden unterdrückt, die Verantwortlichen machen unbeirrt weiter mit ihrem Akt der Zerstörung.
Allein dieses Jahr sind mindestens sechs Menschen aus meinem weiteren Umfeld an den bekannten Ursachen verstorben. Alle waren zwischen 30 und 50 Jahre alt. Viele der Geimpften, die ich kenne, beklagen sich über ihre nie da gewesene Kränklichkeit. Andauernd ist irgendetwas, oft das Herz oder allgemeine Schwäche und ständige Infekte.
Ich bin nie krank, hatte einmal angeblich „Corona" laut Schnelltest, nach fünf Tagen und meiner Meinung nach einer simplen Nebenhöhlenvereiterung war ich wieder gesund. Einen Hausarzt habe ich seit 2020 nicht mehr.

Das Land, in dem ich Kind war, existiert nicht mehr und es hat wahrscheinlich auch nie so existiert, wie ich als junger Mensch dachte. Ich weiß das jetzt und auch, dass es zu spät ist, den Zusammenbruch aufzuhalten. Eine Chance haben wir noch, uns vor der Versklavung zu retten.

Aus den Scherben des Trümmerhaufens, der von unserem Land übrig bleibt, müssen wir etwas Neues aufbauen und die jetzigen Verantwortlichen dürfen nicht davonkommen.
Ich bin unsagbar traurig, wütend, erschöpft! Aber ich werde dem System weder meine Energie noch meine bescheidenen Mittel zur Verfügung stellen, um diesen Wahnsinn voranzutreiben! Ich lasse mir nicht von kalten Steuererhöhungen und anderen Betrügereien mein Geld aus der Tasche ziehen, das dann überall hin umverteilt wird, nur nie dort landet, wo es hingehört!
Es ist beschämend, durch eine solche Politik, solche Dilettanten und offensichtliche Marionetten im Ausland vertreten zu werden.

Angriff im Supermarkt

Vera, 59, Fachverkäuferin

Ich habe vieles erlebt in der Coronazeit, hier möchte ich nur ein paar Beispiele erzählen, die sich mir besonders ins Gedächtnis eingebrannt haben. Alles in allem war es eine Zeit, die ich nie vergessen werde, die in vielem mein Weltbild erschüttert hat, in der ich mich boshafter Angriffe erwehren musste, ohne, dass ich selbst je aggressiv geworden wäre.

Etwa drei Monate nach Anfang der Pandemie wurden mein Bekannter und ich in einem Supermarkt von einem jungen Mann mit sehr kräftiger Gestalt aufgefordert, sofort eine Maske aufzusetzen. Wörtlich sagte er zu uns: „Am liebsten würde ich euch ins Gesicht spucken!“ Ich konnte die schlimme Situation durch beruhigende Worte, Gott sei Dank, klären. Auch meinen Bekannten musste ich davon abhalten, auf die beleidigende Provokation einzugehen. Ich hatte große Angst, dass der Fremde gewalttätig werden würde.

Der junge, kräftige Mann strahlte so viel Aggressivität aus ... das hätte sicher nicht unblutig geendet, da mein Bekannter sich diese Androhung auch nicht gefallen lassen wollte. Einige Minuten später dann, auf dem Parkplatz des Supermarktes, kam der junge Mann auf mich zu und machte mit zwei Fingern zu den Augen hinführend das Symbol: Er habe mich in den Augen und mein Kennzeichen habe er auch.

Seitdem habe ich diesen Supermarkt gemieden – ich ging nie mehr dort einkaufen.

Ich hatte Angst, dort von diesem Irren aufgespürt und verfolgt zu werden. Gut, dass ich diesen Menschen nie wiedergesehen habe. Das Gefühl, nicht mehr sicher zu sein, obwohl man niemandem etwas getan hat, das war erschütternd. Sowas hätte ich mir niemals träumen lassen ...

Im März 2020 versuchte ich Kontakt zu unserem Gesundheitsminister aufzunehmen, mich nervte diese ewige, sinnlose Panikmache. Keiner sprach davon, wie wichtig es ist, das Immunsystem zu stärken, viel frische Luft zu tanken, sich gesund zu ernähren. Die einfachsten Regeln, gesund zu bleiben, interessierten niemanden.

Meine Kommentare beim MDR wurden gelöscht. Da war mir klar, hier ist etwas faul. Ich bin chronisch krank und darf keine Maske tragen.

Was wurde ich beschimpft: Ich sei eine Massenmörderin, gehöre weggesperrt und weitere abscheuliche Dinge wurden mir an den Kopf geworfen! Ohne Maske wurde ich im Krankenhaus nicht geröntgt, überhaupt der Zutritt wurde mir bis vor kurzem noch verwehrt. Viele Beispiele könnte ich hier noch aufschreiben.

Man brauchte schon viel Selbstbewusstsein, um als ungepiekste, unmaskierte Testverweigerin in einer plötzlich fanatisch gewordenen Gesellschaft klarzukommen. Wie tief das alles sitzt, wird mir beim Schreiben erst so recht bewusst. Ich wünsche uns trotz allem viel Kraft für das Neue, Schöne, was uns erwartet.

Spießbürger im Machtrausch

Uwe, 53, arbeitsunfähig

Was anfangs noch so klang, als wäre es nach ein paar Wochen erledigt, wurde sehr schnell zu einem Albtraum für viele Menschen und hat sehr viel Leid und Elend gebracht. Ich selbst leide an einer Rosazea, einer chronisch-entzündlichen Erkrankung der Gesichtshaut. Symptome sind Rötungen im Gesicht, manchmal Gefäßerweiterungen, Knötchen und Gewebe-Neubildungen. Auch Juckreiz und Schmerzen gehören dazu – das wünsche ich wirklich niemandem.

Als abzusehen war, dass Corona etwas Langfristiges werden sollte, wusste ich, ich würde ein Attest brauchen und es würde sicher nicht einfach werden, normal weiterzuleben. So ging ich dann zu meinem Hausarzt, denn ich brauchte dieses Attest – eine Maske zu tragen wäre für mich auf die Dauer einfach nicht machbar. In Anbetracht der Symptome dachte ich eigentlich, das wäre kein Problem.

Falsch gedacht, denn mein Hausarzt erklärte, so ein Attest könne er nicht ausstellen und ich sollte mich doch direkt an das Gesundheitsamt wenden. Dort wurde natürlich jedes Gespräch in diese Richtung abgeblockt. So musste ich wirklich nach einem Arzt suchen, der mir dieses Attest ausstellen würde. Obwohl jeder sofort sehen konnte, dass meine Nase wirklich nicht so gesund aussieht und es für mich einfach nicht machbar ist, eine Maske zu tragen.

Mich belastete zudem noch ein Kindheitstrauma. Ich wurde als Fünfjähriger zwangsernährt, und zwar auf die alte Weise. Das heißt, ich wurde festgeschnallt, jemand hielt mir die Nase zu, um mir einen Schlauch in den Hals zu schieben! Sie alle trugen Masken. Plötzlich waren die Horrorbilder von damals wieder da. Das ist etwas, was ich nie ganz überwinden und verarbeiten konnte. Wie schlimm es heute für mich ist, wenn ich lauter Menschen sehe, die eine Maske tragen, das kann ich nicht in Worten ausdrücken. Am Ende hatte ich aber Glück und fand auch einen neuen Hausarzt, der mir ein Attest ausstellte.

Die meisten Ärzte hatten sich dem System offensichtlich bedingungslos untergeordnet. Es ging jetzt nicht mehr um die Gesundheit des Menschen, sondern darum, was das System vorschreibt. Aber was nützt einem schon ein Attest, wenn man trotzdem nicht mal in die Lebensmittelgeschäfte durfte? Unser Supermarkt im Ort verbot mir den Zutritt zum Geschäft unter der fadenscheinigen Begründung, sie würden von ihrem Hausrecht Gebrauch machen. Also konnte ich keine Lebensmittel kaufen und auch keine Getränke.

Früher bekamen doch nur Ladendiebe Hausverbot, und jetzt bekam ich es. Nichts hatte ich mir in all den Jahren zuschulden kommen lassen und niemals war ich unfreundlich gewesen. Dennoch wurde ich plötzlich ausgeschlossen. Aber das war noch lange nicht alles ... da auch die Poststelle in diesem Supermarkt war, konnte ich nicht mal mehr Päckchen abholen oder andere Dinge auf der Post erledigen. Es wurde mir einfach verweigert. Ein Anruf bei der Post brachte nur das Ergebnis, dass ich jederzeit mit einem Attest auf die Hauptpost kommen dürfte.

Das sind ja nur 25 km hin und 25 km wieder zurück!

Im Supermarkt arbeiteten unter anderem auch drei Frauen, die nicht gerade sozial eingestellt sind. Was passiert, wenn man solchen Menschen Macht über andere gibt, konnte man in dieser Zeit gut beobachten. So wurden Freunde von mir beim Einkaufen angeherrscht, sie würden die Maske nicht richtig tragen, sie würden nicht genug Abstand halten und allerlei andere Dinge. Es schien den besagten Personen regelrecht Spaß zu machen, andere Menschen zu denunzieren und ihnen zu zeigen, welche Macht sie haben. All ihren angestauten Frust und ihre Wut ließen sie jetzt an unschuldigen Menschen aus.

Zu meinem Glück wohnte ich schon sehr lange in dieser Gegend und so konnte ich im Nachbarort einkaufen gehen. Dort im Supermarkt konnte ich, nachdem ich mein Attest vorgezeigt hatte, meine Lebensmittel erstehen. Ich ging ja ohnehin nur noch dann einkaufen, wenn nicht zu viel Betrieb war, denn die bitterbösen Blicke der Menschen taten schon sehr weh. Oftmals blieb es auch nicht nur bei Blicken. Sehr oft wurde ich von Menschen regelrecht angeschrien, ich solle gefälligst meine Maske aufziehen. Da wurde nicht gegrüßt oder gesagt, „Entschuldigen Sie bitte, Sie haben vergessen, Ihre Maske aufzuziehen." Es wurde gleich mit Zornausbrüchen reagiert. In dieser Zeit kam wohl der wahre Charakter einiger Menschen zum Vorschein.

In einem Discounter konnte ich anfangs mit Attest einkaufen, bis mich eine der Verkäuferinnen rausgeschmissen hat. Daraufhin habe ich mich schriftlich an die Firmenzentrale gewandt; diese hat mir eine E-Mail geschickt, dass ich selbstverständlich dort einkaufen dürfe, wenn ich ein Attest habe. Es gab also auch Firmen, die das böse Spiel nicht einfach mitspielten.

Da meine Frau einen Schwerbeschädigten-Ausweis hat, ist sie dringend auf ein Fahrzeug angewiesen. Nun stellte sich aber heraus, dass ich nicht mal mehr überall tanken durfte. Mir wurde buchstäblich der Zutritt zu den Tankstellen verboten. Ich musste also einige wenige Tankstellen nutzen, die mein Attest anerkannten und wo ich noch hineingehen durfte. In sämtliche anderen Tankstellen musste ich meine Frau mitnehmen und sie zum Bezahlen schicken.
Auch in meiner Lieblingstankstelle wurde ich einmal sehr heftig angeschnauzt, ich solle gefälligst eine Maske aufziehen. Kein „Entschuldigen Sie" oder „Guten Tag", nein, es wurde gleich mit Wut und Hass reagiert, auf die übelste Art. Das Schlimme daran war die Tatsache, dass es sich bei dieser Person um eine Frau handelte, die bei einer sozialen Einrichtung arbeitet. Ich blieb dennoch ruhig und erklärte ihr, wie schade ich es finde, dass ausgerechnet jemand, der in einem sozialen Bereich tätig ist, sich so unsozial verhalten kann.

Der Inhaber der Tankstelle fand meine Reaktion gut und wünschte sich, dass jeder so ruhig bleiben würde. Ich weiß noch genau, ich brauchte eine neue Batterie für die Funkfernbedienung meines Mercedes. Aber selbst dort in diesem teuren und noblen Autohaus durfte ich nicht in den Verkaufsraum. Wieder musste ich meine Frau alleine gehen lassen. Um es deutlich zu machen: Dieser Ausstellungsraum ist wirklich groß und es arbeiten dort nur vier Leute. Also Abstand konnte wirklich nicht das Problem sein.

Mittlerweile wusste ich, wenn ich einen medizinischen Notfall hätte, dann wäre ich verloren, denn keine einzige Klinik durfte ich mehr betreten und auch gefühlt 99 Prozent aller Arztpraxen waren mir verweigert. Da meine Frau immer wieder einen Arzt braucht, war es für mich sehr heftig, wenn ich wie ein Hund draußen bleiben musste. Was, wenn ich selbst ärztliche Hilfe bräuchte? Mein Glück war, dass ich eine Ärztin hatte, die mich schon länger kannte, und so durfte ich ohne Maske in ihre Praxis und bekam meine Medikamente.

Es versteht sich von selbst, dass ich dabei immer Rücksicht auf die Angst der Menschen genommen habe. Viele handelten ja nur aus Angst – und so konnten sie keine gesunden Entscheidungen mehr treffen.

Ich bin auch immer wieder gerne in die Innenstadt bei uns gefahren und habe belegte Brote an die Obdachlosen verteilt. Eines Tages stand ich bei einer kleinen Gruppe von Obdachlosen und verteilte gerade Kleidung, als, wie aus dem Nichts, plötzlich sieben bis acht Polizisten erschienen.

Ohne ein „Guten Tag“ und ohne ein freundliches Wort bauten sie sich vor uns auf, mit Kampfanzügen und schwer bewaffnet, wie sie wohl gegen Bankräuber vorgehen. Sie beschwerten sich über die fehlenden Masken, was für einen Obdachlosen bestimmt das allerwichtigste Problem war, und verlangten sofort alle Ausweise. Ich holte also mein Portemonnaie hervor und gab dem Polizisten meinen Ausweis und auch mein Attest. Daraufhin gab er mir den Ausweis zurück und es gab keine Anzeige. Fairerweise muss ich noch erwähnen, dass mir der Polizist erlaubte, die restliche Kleidung zu verteilen, ehe sich die Runde auflösen musste.

Auch aus der eigenen Familie gab es böse Worte und Anschuldigungen. Ich bräuchte in Wirklichkeit gar kein Attest, ich wäre ein Lügner und solche Sachen. Das tat besonders weh. Wie kann ein Mensch einen anderen beurteilen oder das, was jemand kann und was nicht? Wie viel Suggestion steckt hinter solchen Dingen wirklich?

Aber das Schlimmste, was mir in dieser gesamten Zeit angetan wurde, war die Tatsache, dass ich meine eigene Gemeinde nicht mehr besuchen durfte. Ich bin früher jede Woche in den Gottesdienst gegangen und habe diese Zeit sehr genossen. Nun wurde mir der Zutritt verweigert. Nicht weil es da ein neues Gesetz gab, nein, sondern weil der Vorstand der Gemeinde es so wollte.

Es galt daher: Ohne Maske kein Zutritt zum Hause Gottes! Ich machte sie darauf aufmerksam, dass der Gesetzgeber es erlaubt, wenn man ein gültiges Attest hat, das jedoch interessierte niemanden. Ich wurde also aus dem normalen Glaubensleben einfach ausgeschlossen. Jeder soziale Kontakt wurde mir verweigert. Mein Leben wurde traurig und einsam: kein Verein mehr, keine Gemeinde und auch sonst keinen persönlichen Kontakt zu anderen Menschen. Die Tatsache, dass ich diese Zeit überlebt habe, verdanke ich alleine meinem Glauben an Gott und der Gewissheit, dass ER mich niemals alleine lassen wird.

Was Corona wirklich getan hat? Diese Zeit zeigte den wahren Charakter. Es offenbarte sich die Summe aller Bosheit und des Zorns der Menschen, die auf alles und jeden neidisch sind und diese Zeit dafür genutzt haben, ihrem Hass freien Lauf zu lassen! Jeder Mensch, der so behandelt wurde, hat mein Mitleid. Vergeben ja, aber vergessen kann ich das alles nicht. Wie könnte ich je wieder einen Laden betreten, der mir ohne Grund den Zutritt verweigert hat?

Zugang zu Lebensmitteln, zu Ärzten, zu medizinischer Hilfe und soziale Kontakte, das alles sind Grundbedürfnisse. Das darf keinem Menschen genommen werden!

Ausgestoßene der Gesellschaft

Bahar, 47, Werkstoffprüferin

Es ist wichtig, nicht zu vergessen, was in den letzten Jahren passiert ist – nicht, um den Hass zu schüren, sondern vielmehr, damit sich das Unfassbare nie wiederholt.
Bei uns war es in der Coronazeit in vielerlei Hinsicht sehr schwierig, vor allem seit der „Impfempfehlung", mit welcher der Terror erst richtig losging.

Als alleinerziehende Mama mit zwei Töchtern im Teenageralter war es unfassbar hart, ihren Bedürfnissen nachzugehen, mit einem „Ungeimpften-Status". Genau vor einem Jahr fing meine Tochter mit ihrem Führerschein an – wir fuhren früh am Morgen zum Roten Kreuz, wegen des Erste-Hilfe-Scheins. Einen Tag vorher haben wir uns telefonisch erkundigt, ob sie einen Test oder sonstiges braucht, aber es wurde „nur eine Maske" verlangt.

Doch es kam anders: Die Kursleiterin fing vor der Eingangstür an, den jeweiligen Impfstatus zu überprüfen. Alle durften rein und konnten am Kurs teilnehmen, nur meine Tochter musste wieder gehen, weil sie ungeimpft und ungetestet war. Und um halb acht Uhr morgens hatte auch kein Testzentrum geöffnet.

Den Rest können Sie sich denken; beim Schreiben kommen alle meine Gefühle wieder hoch. Wut, Hilflosigkeit und Unverständnis für eine Gesellschaft, die Jugendliche ihrer Möglichkeiten beraubt, ohne Grund, außer einem staatlichen Befehl. Was machen solche Erfahrungen mit jungen Menschen, wenn sie auf so eine Art und Weise ausgeschlossen werden? Meine Tochter erlebte die Ausgrenzung traumatisierend und allumfassend.

Sie durfte nicht mehr zum Training, es gab kein Schwimmbad, kein Kino, kein Restaurantbesuch, keine Schulausflüge, keinen Stadtbummel, keinen Schulbesuch ohne Test, keinen Arztbesuch, keine Physio. Meine Tochter hat eine unheilbare Rückenkrankheit und musste zweimal die Woche dorthin; aber die

Praxisinhaber hatten massiven Impfdruck auf meine Tochter ausgeübt, sodass wir nicht mehr hingehen konnten. Auch Kirchenbesuche an Weihnachten und Ostern fielen weg, denn die evangelische Kirche hatte 2G durchgesetzt!

Wir konnten nicht in den Urlaub fahren, keine Familienmitglieder besuchen, keine Freunde treffen – wir wurden komplett aus der Gesellschaft ausgeschlossen. Die Liste der rechtswidrigen Handlungen ist lang. Ich bin ehrenamtlich tätig im Migrationsbeirat und als Gleichstellungsbeauftragte – ich konnte eine Zeit lang nicht mal ins Rathaus, um eine Unterschrift zu leisten oder um an Sitzungen teilzunehmen. Betreten durfte ich nur noch meine Arbeitsstelle. Am Ende waren der Impfdruck und die damit verbundene psychische Belastung so extrem, dass ich heute kaum fasse, wie ich das als einzige Ungeimpfte in der Firma ausgehalten habe.

Mein Chef hat bis vor ein paar Monaten die Liste der geimpften Mitarbeiter und Besucher öffentlich ausgestellt. Sodass jeder, der vorbeiging, die Informationen der anderen einsehen konnte – samt Impfstatus und privaten Daten!

Wie kann man das alles vergessen? Das Schlimmste ist derzeit, dass nach gerade einmal einem halben Jahr alles totgeschwiegen wird.
Es wird einfach weitergemacht, als wäre nichts passiert. Keine Entschuldigung von niemandem, kein Rückblick. Und natürlich kein Wort über die menschenfeindliche Ausgrenzung und Ungerechtigkeit ...

Kindheit im Schatten von Corona

Vom Schulhof dringt lebhaftes Stimmengewirr. Kinder mit bunt-glänzenden Schultüten lachen ausgelassen, hier und da erklingt ein aufgeregtes Weinen, weil gerade alles so neu ist. Eltern, Großeltern, Tanten und Onkel sind alle gekommen, um die Kleinen bei ihrem großen Schritt zu begleiten. Die festlich geschmückte Schule lädt ein, keine Angst vor dem neuen Lebensabschnitt zu haben. Lehrer stellen sich den Eltern vor, Hände werden geschüttelt, eine Mutter streichelt aufmunternd über den Kopf ihres Mädchens: „Schau mal, da hinten ist die Tanja, die kennst du doch aus dem Kindergarten, lauf mal hin!" Aufgeregt warten die Erstklässler darauf, ihr Klassenzimmer zu erkunden. In der Luft liegt Hoffnung, pures Leben und der Zauber eines Neuanfangs. Zum Abschluss wird noch ein Klassenfoto gemacht; später würden sie an einen aufregenden Tag zurückdenken – und vielleicht lächeln.

Ein erster Schultag, so wie sich viele an ihn erinnern.

Kinder mit bunten Schultüten stehen in Kreidekreisen, die auf dem Boden aufgemalt sind. Sie sollen den anderen Kindern nicht zu nahekommen. Auch die Eltern dürfen sich nicht von ihrer Gruppe entfernen. Die Feier muss unter freiem Himmel stattfinden, da Versammlungen in Innenräumen verboten sind. Man sieht die Kinder nicht lächeln, denn sie tragen Masken. Um den Mindestabstand von 1,5 Metern einzuhalten, werden Stühle im Schachbrettmuster aufgestellt. Die Oma, die ihrem Enkel noch schnell etwas in die Schultüte gesteckt hatte, darf nicht mit dabei sein; aus Schutz vor Corona. Die Eltern durften gerade noch mitkommen, natürlich mit einem „Geimpft- oder Genesen-Nachweis", zumindest aber mit einem Schnelltest. Schließlich galt „3G". Vor einem Tisch bilden Eltern eine Schlange, eine Armlänge Abstand, um Bögen zur Kontaktnachverfolgung auszufüllen. Maske tragen und mehrmals die Woche Testen gehört für die Kinder zum neuen Schulalltag, das hatten sie schon gelernt. Das ABC kommt später ...
Ein Klassenfoto wird auch noch aufgenommen, natürlich auch mit Maske. Damit die Kinder sich später einmal an den denkwürdigen Tag erinnern. Und ich bin sicher, das werden sie.

Einige Wochen später ...

Ein rotweißes Flatterband trennt den Schulhof in Areale. Ein Mädchen mit einer rosa Maske winkt in der großen Pause lebhaft ihrer besten Freundin, zu ihr laufen darf sie nicht. Mehrmals täglich Händewaschen und mit einem Hygienespray den Schreibtisch abwischen, das waren neue Pflichten der Kinder – an dem Ort, wo sie von jetzt an fürs Leben lernen sollten.

Lehrer wanderten herum und überwachten das korrekte Tragen der Masken. Nur ganz wenige sahen weg, wenn ein Kind sie mal herunterzog, um besser Luft zu bekommen. Im Winter mussten die Schüler auch nur dann im eisigen Klassenzimmer frieren, wenn die Mama vergessen hatte, ihnen Decken mitzugeben. Denn Lüften war wichtig. Das hat schließlich die Frau im Fernsehen gesagt, die Mama immer „Mutti Merkel" nannte. Die sagte auch, man könne ja hüpfen und in die Hände klatschen, damit einem warm wird. Und wenn man nicht mitmacht, mahnten die Eltern, wird die Oma krank und stirbt.

Ein Blick in die Schulzeit im Jahr 2021.

Keine Zeit im Leben prägt so wie die Kindheit, steckt so voller Neuanfänge, Entdeckungen und Neuem wie die ersten Lebensjahre. Und niemand hat in der Coronazeit so sehr gelitten wie die Kleinsten der Gesellschaft, denn sie hatten keine Wahl und konnten sich nicht wehren. Statt des lebenswichtigen Gefühls der Sicherheit bekamen sie ungefiltert die Ängste der Erwachsenen eingeimpft. Das Ergebnis heute sind Angststörungen, sozial auffälliges Verhalten wie bei allen Kindern, die Erlebtes nicht verarbeiten können. Die ständige Angst vor einem Virus, mit dem die meisten nie in Berührung kamen, hat Spuren hinterlassen: Die Praxen der Kinder- und Jugendpsychologen sind hoffnungslos überlastet, das Ausmaß der psychischen Folgen der jahrelangen Belastung nur schwer einzuschätzen. Auch mit dem Lernen haben viele Kinder heute noch Schwierigkeiten: Für den Online-Unterricht fehlte einigen Familien die technische Ausrüstung und nicht alle Eltern konnten bei den Hausaufgaben helfen.

Vereinzelt stellten sich verantwortungsvolle Eltern gegen die Maßnahmen, organisierten Lerngruppen und ließen ihre Kinder weiterhin mit so vielen Freunden spielen, wie sie wollten. Sie stellten sich schützend hinter ihre Kleinen und zeigten ihnen, dass etwas nicht automatisch richtig ist, nur, weil alle anderen es tun. Lehrer mit Herz blieben an der Schule, um die Kleinen zu beschützen, wann immer es ging. Dem Mut dieser Menschen ist es zu verdanken, dass manchen Kindern doch einiges erspart blieb. Und dass die Erlebnisse, so wie sie wirklich waren, dokumentiert werden konnten.

Traumatische Schulzeit

Elke, 44, Lehrerin

Ich bin Lehrerin an einer Grundschule. Im Jahr 2020, als der Irrsinn losging, hatte ich gerade eine vierte Klasse. Wir planten eine Klassenfahrt und viele Ausflüge, so wie es im vierten Schuljahr üblich ist. Dann kam der Schullockdown. Da dies zumindest für mich vorhersehbar war, hatte ich Unterlagen vorkopiert und am letzten „Präsenztag" versucht, den Kindern noch irgendwie die schriftliche Division zu erklären.

Die Schule war ab Mitte März geschlossen und hinein kamen nur noch Kinder, deren Eltern einen systemrelevanten Beruf hatten – dies nannte man Notbetreuung. Das hieß aber auch, dass in meiner Klasse ein Kind von jetzt auf gleich den ganzen Tag allein zu Hause war, weil die Mutter alleinerziehend und nicht systemrelevant war. Eine absolute Katastrophe. Zu diesem Zeitpunkt war das Kollegium noch nicht komplett in Panik, aber es gab schon einige, die ständig schrien: „Aaaabstand!"

Wie die Kinder so spielen sollten, erschließt sich mir bis heute nicht. Auch im Kollegium gab es Unmut. Einige wollten Videokonferenzen machen, andere sahen sich dazu nicht in der Lage. Ein Kollege war mit einer ersten Klasse derart überfordert, dass er mich weinend anrief und bald danach für Wochen krankgeschrieben war. Meine Klasse hat es erstmal gut weggesteckt. Sie hatten ihre Arbeitsaufträge und ich habe ihnen jeden Tag ein Video mit einem Kapitel des kleinen Prinzen geschickt, sodass sie mich einmal am Tag auch sehen konnten. Irgendwann sollte die Schule wieder losgehen, aber nur in kleinen Gruppen, mit Abstand und Hygienemaßnahmen wie Dauerhändewaschen und Desinfizieren. Dagegen klagte dann aber irgendein Elternteil erfolgreich im Bundesland und der Präsenzunterricht wurde weiter verschoben.

Im Mai oder Juni war dann sogar das Singen verboten, Sitzkreise ebenfalls, es gab keinen Sportunterricht und keinen Fachunterricht mehr, das Desinfizieren der Hände war ein Gebot der Stunde – und natürlich „Abstand halten!". Die Maskenpflicht galt im Freien und im Flur aber noch nicht am Platz. Die Kinder litten unter diesen unverhältnismäßigen Maßnahmen, und es tat mir in der Seele weh, dies mitanzusehen. Ich habe nichts von diesem Irrsinn mitgemacht und auch den Schülern meiner Klasse nie dazu geraten. Hinzu kamen abgesperrte Aufstellplätze und separate Pausenbereiche für jede Klasse. Die Kinder lernten vor allem eins: Die absolute Herrschaft einer unsichtbaren Gefahr, die sie nur durch einschränkende Maßnahmen zu spüren bekamen. Die „Verabschiedungsfeier" habe ich mit meiner Klasse und den Eltern heimlich auf dem Parkplatz der Nachbarschule abgehalten und als Ausflug deklariert, an dem sich die Eltern, die Schüler und ich zufällig getroffen hatten – denn Klassenfeste waren verboten.

Nach den Sommerferien 2020 begann die Schule wieder relativ normal, wenn man das überhaupt so nennen kann. Singen war nur im Abstand von drei Metern und auch nur draußen erlaubt. In den Gängen herrschte Maskenpflicht, am Platz und draußen noch nicht. Im September kamen wir zwei Wochen in Quarantäne, weil ein Kind positiv getestet wurde, aber keine Symptome hatte. Gegen Winter gab es dann tatsächlich einen Lüftungsplan, zu dem Merkel damals sagte: „Wenn es in der Schule zu kalt wird, dann kann man ja klatschen oder Kniebeugen machen." Und das Kollegium machte das Theater wirklich mit. Sie sagten den Kindern ernsthaft, sie sollen Decken mitbringen oder sich im Unterricht dicke Jacken anziehen! Danach gab es wieder nur Klassenlehrerunterricht. Der Fachunterricht fiel komplett aus und die Weihnachtsferien wurden um zwei Tage vorverlegt, warum auch immer.

Nicht zu erwähnen brauche ich die Zeugnisse meiner damaligen Klassen. Sie waren das Papier nicht wert, auf dem sie standen. Wir waren gezwungen, Noten zu geben für Fächer, die so gut wie gar nicht stattfanden. Wenn ich mich recht entsinne, begann das neue Jahr 2021 wieder mit Distanzunterricht. Bis dato hatte ich ein Maskenattest, das auch anerkannt wurde, trotzdem wiesen mich einige Kollegen darauf hin, dass ich das Maskentragen üben sollte, da es nicht sein könne, dass ich ohne Maske in die Schule käme. Das war im Febru-

ar vorbei, denn mit meinem Attest bekam ich ab sofort ein Betretungsverbot für die gesamte Schule. Für mich war es ein zweischneidiges Schwert. Auf der einen Seite wurde ich dadurch nicht gezwungen, Kinder zu quälen, auf der anderen Seite konnte ich auch kein Kind beschützen. Aber dies war mir wohl ohnehin nicht möglich.
Dann gingen die Tests los. Wir Lehrer dürfen Kindern noch nicht einmal ein Pflaster aufkleben – aber zu überwachen, wie sie sich chemische Stoffe in die Nase einführen, das war kein Problem. Schüler mit positivem Test wurden durch den Klassenlehrer isoliert, solange, bis die Eltern sie abholten. Verängstigt zu sein und wie Aussätzige behandelt zu werden, war plötzlich das Selbstverständlichste der Welt. Was diese menschenverachtenden Maßnahmen mit den Kinderseelen anrichteten, ist nicht auszudenken.

Drei Wochen vor den Sommerferien 2021 galt ich trotz Attest wieder als voll arbeitsfähig. Lehrerin zu sein, ist für mich mehr als ein Job, es ist meine Berufung. Diese konnte ich dann auch endlich wieder wahrnehmen und habe gerne weiter unterrichtet. Viele Kinder hatten sich zwangsweise an die Masken gewöhnt, aber auch da gab es nur Klassenlehrerunterricht. Da ich ja monatelang ein Betretungsverbot für die Schule hatte, wurde mir ein Integrationsgespräch angeboten. Das bekommen Beamte, die lange krank gewesen sind, was ich aber nicht war.
Mir wurden dann die üblichen Begriffe „Rechts, Nazi, Schwurbler“ etc. an den Kopf geworfen, weil ich ein einziges Mal das WEF ansprach. Danach gab es einen regelrechten Shitstorm gegen mich. Mein Chef erklärte mir dann, dass ich wegen meines Maskenattests die ersten zwei Wochen nach den Sommerferien nicht arbeiten dürfte. Trotzdem bekam ich einen ganz normalen Stundenplan mit Klassen, die ich gar nicht kannte. Also musste ich mich blind vorbereiten. Dann hieß es: „Oh, die Inzidenzzahl ist so hoch, wir wissen gar nicht, wann Du überhaupt ohne Maske wieder arbeiten kannst.“ Daraufhin suchte ich mir einen Psychiater, weil das echt nicht mehr auszuhalten war. Plötzlich galt ich dann doch wieder als voll arbeitsfähig. Da war ich aber schon so mit den Nerven am Ende, dass ich mich krankmeldete. Mit dem Einverständnis der Schulleitung, weil ja keiner wissen konnte, wann ich wieder arbeiten darf und wann

nicht. Ich war dann sage und schreibe ein Jahr krankgeschrieben wegen nichts. Ich bin dafür sehr dankbar, weil ich so keine Kinder quälen musste, denn das brachte ich einfach nichts übers Herz.

Wie es den Kindern in dieser Zeit ging, weiß ich nicht, aber ich sehe, was jetzt an den Schulen los ist: Die Klassen sind lauter, der Umgang ist ein anderer. Eltern sehen nur ihr eigenes Kind. Lehrer beschweren sich über das Verhalten der Kinder, die kein „vernünftiges Sozialverhalten" an den Tag legen. Oh, welch ein Wunder! Die Selbstreflexion der meisten Kollegen ist gleich null. Die jetzigen Viertklässler wurden in ihrem ersten Schuljahr in den Lockdown geschickt. Die Einschulungsfeiern der derzeitigen Zweit- und Drittklässler waren gruselig: Maskenpflicht, keine Aufführungen und nur die Eltern durften kommen. Im letzten Schuljahr – seit Sommer 2021– mussten sich die Kinder ständig testen und den ganzen Tag lang Masken tragen. Bis heute haben wir noch Kinder, die mit Maske in die Schule kommen. Eltern, die sie dazu bringen oder dies zulassen, sind, milde ausgedrückt, nicht zu verstehen. Eine weitere Folge der Maßnahmen ist, dass immer mehr Kinder aufgrund ihres Verhaltens eine „Teilhabeassistenz" benötigen; einen Erwachsenen, der nur für dieses Kind zuständig ist.

Das ist nur eine Kurzzusammenfassung der letzten drei Jahre. Es war schlimm und ich hätte nie gedacht, dass sowas jemals hätte stattfinden können. Mein Kollegium war vor Angst erstarrt und hat die Kinder völlig drangsaliert, es war entsetzlich. Nur weil ich keine Maske tragen konnte, musste ich mich regelrecht verstecken. Was hier passiert ist, ist absolut unfassbar. Studierte Menschen sind nicht mehr in der Lage, zu differenzieren und beschweren sich heute über Kinder, die nicht mehr in der Lage sind, sozial zu handeln, weil sie während der Lockdowns isoliert wurden und ein normales Schulleben erst gar nicht kennenlernten. Diese Zeit darf niemals in Vergessenheit geraten.

Du tötest meine Oma

Doris, 38, Pädagogin

Als die sogenannte Pandemie begann, arbeitete ich im Kindergarten in Österreich als Pädagogin. Zum „Glück" hatte ich mich als eine der Ersten im Oktober 2020 angesteckt und kam 10 Tage lang in Quarantäne. Meine Tochter wurde, da ich sie nicht testen ließ, gleich doppelt in Quarantäne geschickt. Wie das wohl gehen soll, wenn Mama und Papa arbeiten und das zweijährige Kind daheim alleine ist ...? Pflegeurlaub gab es keinen, da sie nicht krank war und die Oma durfte ja auch nicht kommen. Also begann ich mich nach dem Quarantäne-Unsinn über die ganzen Coronamaßnahmen abseits der herkömmlichen Medien zu informieren. Den ORF schauen wir schon seit Jahren nicht mehr.

Zurück im Kindergarten begann dort der Testwahnsinn. Alle waren hörig und „brav", nur ich war die böse Querulantin. Kurz darauf ging es los mit den Impfungen. Ich war noch genesen, aber mir wurde „nahegelegt", mich der Injektion zu unterziehen. Nachdem ich mich weiterhin geweigert hatte, bei den kleinsten und schützenswertesten Mitgliedern unserer Gesellschaft den ominösen Test durchzuführen, wurde ich beschimpft, bedroht und ausgelacht. Das hielt ich ganz gut aus.

Was ich nicht aushielt, war, als ein Mädchen beim fragwürdigen Schnelltest positiv war. Oder besser gesagt, was daraufhin passierte: Als Erstes mussten wir die Eltern informieren. Das Mädchen wurde sofort separiert. Ich habe sie gleich zu mir genommen, da ich die einzige „Angstlose" war! Natürlich ohne Maske, die ich ebenfalls verweigerte. Das Kind weinte unendlich, es zerriss mir das Herz. Die Kleine wurde panisch bei dem Theater um sie herum und hatte Angst, was nun mit ihr passieren würde. Der zweite Strich für „positiv" war beim „Lutschertest" entstanden. Ein grausiger Name – er ist nur für in-vitro zugelassen und darf nicht in die Hände von Kindern gelangen. Außerdem ist Ethylenoxid nachweislich krebserregend. Und die Kids lutschten jeden zweiten Tag minutenlang darauf herum. Das Mädchen tat mir unendlich leid, und wir warteten gemeinsam, bis ihre Eltern eintrafen. Diese holten sie zum PCR-Test ab. Die Kleine weinte immer noch.

Am nächsten Tag kam sie wieder, und was war gewesen? Der PCR war negativ. Aber das arme Mädel wurde ab jetzt von den anderen Kindern wie eine Aussätzige behandelt! „Du hast Corona, du bist krank, ich spiel' nicht mit dir, du tötest meine Oma!" Das waren nur wenige Aussagen der maximal sechs Jahre alten Kinder. Das erschreckte mich zutiefst. Aus ihren Worten klang nichts anderes als die Ängste und Vorurteile ihrer Eltern, die sie, wie Kinder es eben tun, ihrer verunsicherten Spielkameradin ungefiltert an den Kopf warfen. Diese Szenen verwinde ich bis heute nicht.

Für mich wurde es immer schwerer, dem Impfdruck in der Arbeit zu entkommen. Also beschloss ich, schwanger zu werden. Danke an dieser Stelle an meine zweite Tochter, dass sie sich im absolut richtigen Moment entschieden hat, in unser Leben zu kommen. Bis zum Mutterschutz wurde ich ins Büro gesteckt – da lebte es sich gut ohne Maske – und verbrachte die restliche „Pandemie" in Karenz. Ich bin nach wie vor ungeimpft und meine beiden Kids natürlich auch. Die haben auch nie einen Test gesehen.
Das Mädchen aus dem Kindergarten hat übrigens sehr lange gebraucht, um wieder in die Gruppe integriert zu werden. Erst nachdem alle „es" mal hatten, hörte das Mobbing auf. Was unseren Kleinsten angetan wurde, das vergesse ich nie ... ich kann Beschimpfungen, Hass und Ausgrenzung gut ertragen. Das kleine Mädchen vielleicht nicht. Das vergesse ich niemals!

Illegaler Unterricht

Anke, 40, Hausfrau

Meine Töchter, damals 9 und 11 Jahre alt, besuchten eine freie Waldorfschule in Baden-Württemberg. Im ersten Pandemiejahr waren die Schulen lange Zeit geschlossen und alle Kinder ertrugen das gleiche Schicksal des Homeschoolings. Eine extreme Herausforderung für die meisten berufstätigen Eltern. Nachdem dann auch noch die Maskenpflicht in den Schulen eingeführt wurde, haben wir uns entschlossen, die Kinder weiterhin vom Präsenzunterricht zu befreien. Unsere Kinder hatten Maskenbefreiungen, was in der Schule nicht gut ankam. In beiden Klassen fanden wir aber ähnlich denkende Eltern. Bald haben wir uns zu einer kleinen Lerngruppe zusammengefunden, um mit unseren Kindern die Aufgaben zu bewältigen.

Im nächsten Schuljahr wurde die Testpflicht an den Schulen eingeführt. Wir haben weder den Tests noch den Aufsichtspersonen der Schule vertraut – und teilten der Schule vor Ende der Sommerferien mit, dass wir unsere Kinder nicht testen lassen werden. Am ersten Schultag haben mehrere Eltern ihre Kinder zur Schule begleitet, um ihre Haltung zu verdeutlichen. Den ungetesteten Schülern wurde der Zutritt verweigert. Da diese Kinder auch eine Maskenbefreiung hatten und die Schulleitung diese nicht mehr akzeptieren wollte, wurde seitens der Schule eine Wegemaske eingeführt. Wir konnten erreichen, dass unsere Kinder knapp zwei Wochen über eine Testung mit Spucktest, der zu Hause durchgeführt wurde, die Schule besuchen durften.

Aufgrund ihrer Maskenbefreiungen wurden die Kinder von Lehrern angeschrien, die Abstände einzuhalten, sie wurden im Musikunterricht in die letzte Bank gesetzt, gesungen wurde nicht, nur gesummt, da die Maskenbefreiten im Raum waren. Die Lehrerin wollte ihnen ohne Maske sogar den Zutritt ins Klassenzimmer verweigern. Nach zwei Wochen wurde uns der Zutritt auch mit Testbescheinigung von zu Hause untersagt. Den Lehrern wurde in der Konferenz verboten, uns Unterrichtsmaterial zukommen zu lassen. Wir haben daraufhin eine Lerngruppe gebildet und unsere Kinder mit Unterstützung von Bekannten selbst unterrichtet. Einen Raum hatten wir auch schnell gefunden, doch diese Lösung war nicht von langer Dauer.

Kurz vor Weihnachten kamen eines Morgens die Polizei, die Feuerwehr und der Bürgermeister, welcher sich aber nicht aus dem Auto traute. Sie kamen, um die „illegale Coronaschule“ Kraft ihres Amtes zu verbieten. Ein Grund fand sich natürlich auch: Aufgrund baulicher Mängeln und einer fehlenden Nutzungsänderung wurden unsere Treffen untersagt. Die örtliche Presse hat ihr Übriges getan, um uns zu diskreditieren. Immer wieder wurden wir in der Zeitung mit Schmutz beworfen. Wie es uns und unseren Kindern ging, hat keinen interessiert.

Wir haben dann die Zahlung des Schulgeldes gekürzt, die Schule kam ihrer Bildungspflicht ja nicht nach. Einige Wochen später erhielten wir das Kündigungsschreiben. Wir haben es akzeptiert, unsere Töchter wollten da eh nie wieder hin. Nachdem die Maßnahmen in der Schule beendet waren, hat sich unsere private Lerngruppe, die wir trotz des Verbots in privaten Räumen aufrechterhalten hatten, aufgelöst. Eine neue Schule zu finden, war gar nicht so einfach, da die Mädels keine Leistungsbeurteilung, sprich Zeugnisse, nachweisen konnten. Eine Werkrealschule in der Nähe mit einem sehr menschlichen Rektor hat uns ohne Vorurteile aufgenommen. Mittlerweile haben wir wieder an eine freie Waldorfschule gewechselt, weil das Konzept meinen Mädels besser entgegenkommt.

Mit den Repressalien der Ämter haben wir noch immer zu tun. Der Bußgeldbescheid wurde erst vor Weihnachten verhandelt – wir wurden natürlich schuldig gesprochen, die Rechtslage war halt so.
Der Vorgang beim Regierungspräsidium ist bis heute offen .... Die beiden Mädels fühlen sich heute in ihrer neuen Schule wohl. Das war ein weiter, beschwerlicher Weg. Die Traumata dieser Zeit, die Anfeindungen der Lehrer, Busfahrer, die Polizeipräsenz – das alles muss aufgearbeitet werden. Hierfür haben wir Gott sei Dank tolle Menschen gefunden. Ich frage mich bloß, was hat man den Kindern nur angetan ...

Die Lehrer waren Marionetten

Holger, 60, Lehrer

Ich war fast 30 Jahre lang Lehrer an einer allgemeinbildenden Schule. Als ich nach der ersten Zwangspause, der „Schulschließung“, im Frühjahr 2020 in die Schule zurückkehrte, wähnte ich mich an ein Virenlabor erinnert. Mit einer Bildungseinrichtung, in der ein offener Geist, liberales Denken und Menschlichkeit herrschen, hatte das nichts mehr zu tun.

Absperrgitter, rotweißes Flatterband, vorgegebene Laufrichtungen und Dutzende Hinweisschilder zu allem möglichen unerlaubten Verhalten hatten das Schulgebäude in einen gigantischen Käfig verwandelt. Die Kinder und Jugendlichen zeigten sich angesichts dieser neuen Situation zutiefst verstört. Sie wurden z. B. beim Eintritt in die Schule, die plötzlich ein Hochsicherheitstrakt war, einzeln kontrolliert – ihre Namen wurden in einer Liste abgehakt und sie mussten dann sofort in ihre Klassenzimmer. Auf dem Hof durften sie sich niemals näherkommen als die magischen 1,5 Meter, das wurde streng überwacht. Verstöße wurden sanktioniert. Die anderen Lehrer waren hinter ihren Masken, Gesichtsschilden etc. kaum zu sehen. Zu hören waren sie allerdings schon. Insbesondere dann, wenn sie die Schüler wegen irgendwelcher nichtigen Verstöße („Abstand!!!“, „Maaaaaske!!!“) zusammengebrüllt hatten.

Ich war entsetzt, wie Leute, die ihren Schülern jedes Jahr standardmäßig den Film „Die Welle“ zeigen, auf „Befehl von oben“ oder um sich dort beliebt zu machen, zu faschistoiden Marionetten eines vollkommen kranken und entfesselten Systems geworden waren. Ein System, das rein gar nichts Menschliches mehr an sich hatte.

Diese „Lehrer“ hätten auch Menschen, die den Irrsinn kritisiert haben, ins Lager werfen lassen, dessen bin ich mir 100%ig sicher. Und sie hätten selbst begeistert das Wachpersonal gegeben.

Ich habe von Anfang keinen Gesichtslappen getragen; recht schnell hatte ich wegen verschiedener gesundheitlicher Beschwerden eine entsprechende ärztliche Befreiung erhalten. Und schon war ich der absolute Außenseiter. Von Personen aus dem Lehrkörper („Kollegen“ nenne ich diese Leute nicht mehr!) wurde ich bis hoch ins Ministerium denunziert. Jedes kleine Unterschreiten des „Mindestabstandes“ wurde an die Dienstbehörde gemeldet und disziplinarisch geahndet. Zudem hatte ich mehrere Monate Hausverbot, weil ich angeblich aufgrund meines Nichttragens eines Gesichtslappens eine „Gesundheitsgefahr“ darstellen würde.

Als ich begann, mit den Schülern die wissenschaftliche Seite dieser Pseudopandemie zu erörtern – ich unterrichte Mathematik und Naturwissenschaften – wurde mir dies per „dienstlicher Anweisung“ untersagt. Es folgten mehrere Disziplinarverfahren. Meine kritischen öffentlichen Äußerungen bei Demonstrationen gegen diesen Irrsinn führten letztlich zu meiner, wie es im Beamtendeutsch heißt, „Entfernung aus dem Dienst“. Glücklicherweise fand sich aber schnell eine neue Stelle an einer Privatschule. Meinen richtigen Namen möchte ich nicht nennen, da ich nach wie vor Denunziation durch totalitäre Zeitgenossen fürchte.

Coronawahn in der Schule

Petra, 41, Lehrerin

Zunächst möchte ich sagen, dass ich meinen Beruf liebe und mir nichts Schöneres vorstellen kann, als mit Kindern und Jugendlichen zu arbeiten und ihnen auf dem Weg zum Erwachsenwerden zu helfen, so gut ich kann. Ich arbeite seit 2010 im Schuldienst, zunächst in Berlin, seit Februar 2020 in Brandenburg. Aus einem Bauchgefühl heraus habe ich Anfang des Jahres 2020 das Bundesland und die Schule gewechselt und bin heute sehr dankbar für diesen Entschluss. In Berlin hätte ich ob der härteren Maßnahmen sofort den Dienst quittieren müssen, da ich das Vorgehen dort nicht hätte mittragen können, aber dazu später mehr.

Ich war kaum einen Monat an meiner neuen Schule, als der Coronawahnsinn begann und wir relativ schnell in den Lockdown gingen. Es war für alle Beteiligten hart, vor allem natürlich für unsere Schüler, die besonders auf feste Strukturen angewiesen sind und damals sehr in der Luft hingen.

Wir stellten Lernpakete zusammen, führten digitalen Unterricht durch und versuchten so, den Kontakt nicht gänzlich abreißen zu lassen. Ich hatte damals eine neu gebildete Klasse übernommen, die aus all den Schülern bestand, die selbst an der Förderschule trotz individueller Lernpläne und kleineren Klassen nicht klarkamen und dafür sorgten, dass ihre Mitschüler nicht arbeiten konnten – und deshalb mehr Zeit vor den Klassenzimmern verbrachten als darin. Die Gruppe bestand aus zehn Jugendlichen, die durchweg mehrere Förderschwerpunkte hatten. Ihr Problem war, dass sie überhaupt keine Lust mehr auf Schule hatten. Mein Konzept war deshalb, die Freude am Lernen zu wecken und Erfolgserlebnisse zu garantieren. Gelingen sollte das mithilfe von Ausflügen, individuellen Arbeitsmethoden und einer intensiven Beziehungsarbeit. Aber dazu kam es nicht, da wir ab März alle zu Hause saßen und keiner wusste, wie lange dieser Zustand anhalten würde.

Ich kam mir sehr hilflos vor und musste zusehen, wie um mich herum der Wahnsinn ausbrach. Nach ein paar Wochen waren wir als Lehrkräfte wieder in der Schule. Ich sah in viele verängstigte Gesichter – und die ersten Masken tauchten auf. Die nächsten Wochen und Monaten standen ganz im Schatten des Narrativs und der Angstmacherei!

Nach den Sommerferien kamen die Schüler wieder zur Schule, um wenig später wieder zu Hause zu sein und alles begann von vorn. Nun aber mit dem Zusatz der Maskenpflicht und der Impfpropaganda. Meine Kollegen waren ganz vorne mit dabei, ich durfte miterleben, wie im kollegialen WhatsApp-Chat die ergatterten Impftermine gefeiert wurden. Ich habe aus gesundheitlichen Gründen eine ärztliche Maskenbefreiung und diese wurde in der Schule auch akzeptiert, allerdings gab es genug argwöhnische Seitenblicke seitens der Kollegen. Die Schüler wurden zum Maskentragen verdonnert – ich umging dies so gut ich konnte, indem ich lüftete, solange dies temperaturmäßig vertretbar war und später dazu überging, Eltern zu raten, die Kids doch lieber zu Hause zu lassen – die Schulpflicht war inzwischen ausgesetzt. Das bedeutete für mich zwar mehr Fahrtwege, um die Lernmaterialien zu bringen und abzuholen, aber ich hatte ein deutlich besseres Gewissen.

Allerdings gab es auch Schüler, bei denen ich nicht vertreten konnte, sie zu Hause zu lassen, da ich wusste, dass es ihnen dort sehr schlecht ergehen würde. Dafür gab es die Notbetreuung für Kinder und Jugendliche, deren Eltern sogenannte „systemrelevante" Berufe hatten und die deshalb immer zur Schule kamen. Hier meldete ich mich freiwillig und konnte so einerseits wieder aktiv unterrichten und zeitgleich die Kids relativ entspannt durch diesen Wahnsinn bringen. Alle meine Kollegen waren dann schnell dreifach geimpft und bekamen trotzdem alle nach und nach Corona. Dennoch hinterfragten sie nichts und ich stand als Ungeimpfte immer wieder im Abseits. Aber ich war da, fehlte nie und war auch immer zur Stelle, als relativ zügig immer mehr Kollegen krank wurden und teilweise einige Tage, teilweise mehrere Wochen ausfielen. Wie schon gesagt, war ich sehr froh, dass ich in Brandenburg unterrichtete und nicht in Berlin, denn dort begann relativ schnell der „Testwahn" in der Schule, während unsere Schüler sich zu Hause testen und die Eltern das negative Ergebnis per Unterschrift bestätigen sollten. Viele Eltern handelten dabei nach dem Motto: „Papier ist geduldig" – und sie hatten meine volle Unterstützung! Ich selbst kann behaupten, dass ich bis zum heutigen Tag ungetestet bin und darauf bin ich sehr stolz.

Aus heutiger Sicht kann ich sagen, dass meine Schüler doch relativ unbeschadet durch den Irrsinn gekommen sind. Aber auch bei uns an der Schule sind einige Jugendliche inzwischen geimpft, teilweise aus eigenem Antrieb, teils auf Drängen der Eltern und der Einrichtungen, in denen viele der Schüler leben, weil es zu Hause in der Familie nicht mehr funktionierte. Ich habe in dieser Zeit seit Februar 2020 viele Gespräche mit Eltern und Schülern geführt und auch deutlich meinen Standpunkt bezüglich der Impfung vertreten. Oft stieß ich auf Verständnis, hin und wieder auch auf Ablehnung. Man kann mir vorwerfen, dass ich meinen Beruf nicht sofort aufgegeben habe, als dieser Wahnsinn begann, ich habe intensiv darüber nachgedacht und mich dagegen entschieden. Ich wollte lieber möglichst viele Kinder und Jugendliche vor den Äußerungen und Taten meiner Kollegen schützen und ich denke, dass ich dieses Ziel erreicht habe.

Natürlich habe ich versucht, mir auch positive Erlebnisse in den zurückliegenden Monaten zu verschaffen. Viele Gespräche mit „normalen" Leuten auf Demonstrationen und anderen Veranstaltungen haben mir Energie und Vertrauen gegeben, sodass ich weiß, dass alles gut wird, auch wenn noch ein steiniger Weg vor uns liegt. In den letzten drei Jahren habe ich mich immer wieder für meine Kollegen fremdschämen müssen und nahezu alle Freundschaften, die ich mir in den letzten 20 Jahren in diesem Berufsfeld aufgebaut habe, sind am Narrativ zerbrochen. Das hat mich tief verletzt und auch geprägt.

Ich kann jeden verstehen, der auf die Lehrer und ihre geradlinige Umsetzung der Maßnahmen schimpft, aber ich kann eben auch sagen, es waren nicht alle dabei, es gab souveräne Lehrkräfte, die versucht haben, die ihnen anvertrauten Kinder und Jugendlichen zu schützen. Aber es waren leider viel zu wenige

Lehrkräfte, die so gehandelt haben. Dafür kann ich im Namen meines Berufsstandes nur alle Menschen, die dadurch extrem verletzt und geschädigt worden sind, um Verzeihung bitten!

Erfolglose Remonstration

Paul, 42, Lehrer

Ich bin Lehrer in NRW und habe recht früh erkannt, dass es mir unmöglich war, den Schülerinnen und Schülern das stundenlange Maskentragen im Rahmen meines Unterrichts zuzumuten. Ich hatte mich von Anfang an gründlich in die weltweite fachmedizinische Materie eingelesen. Das dauerhafte Tragen von Masken und der eher unproblematische Verlauf einer Covid-Erkrankung bei Kindern und Jugendlichen stand in eklatantem Missverhältnis.

Dies war klar aus etlichen weltweiten Fachstudien und Texten herauszulesen. Zu Beginn jeder Stunde sagte ich den Schülern, dass ich das dauerhafte Tragen einer Maske nicht durchsetzen könne, da ich die Verantwortung für Schäden nicht übernehmen kann, die aus den unsinnigen Anordnungen heraus entstehen. Ich bat die Unterrichtsteilnehmer daher, sich bei Unwohlsein oder Problemen umgehend bei mir zu melden. Ich wollte sie dann vom Unterricht befreien bzw. zur Schulleitung schicken, mit dem Ziel, sie vom Unterricht freizustellen. Die Schulleitung blockte ab und befahl mir, die Regelungen ohne Wenn und Aber durchzusetzen.

Daraufhin sandte ich eine formelle Remonstration an meine Schulleitung. Darin bekräftigte ich meine Überzeugung, dass ich Unrecht zum Schaden meiner Schutzbefohlenen nicht durchsetzen könne. Schließlich hatte ich einen Amtseid geleistet, der genau das Gegenteil von mir fordert – nämlich, die Schülerinnen und Schüler zu schützen.

Bis heute wurde auf meine Eingabe nicht reagiert, weder schriftlich noch mündlich. Ich musste mich dann, da ich auch den Test-Wahnsinn, der daraufhin folgte, psychisch nicht mehr aushielt, mit psychiatrischer Unterstützung krankmelden.

Fassungslos macht mich bis heute, erkennen zu müssen, mit welchen „Akademikern"ich teilweise zusammenarbeite. Angeblich gebildete Leute hatten sich als völlig rückgratlos und spielend leicht manipulierbar erwiesen – und handelten in logischer Konsequenz vollkommen unreflektiert und unkritisch.

Ängste eines Kindes

Jasmin, 37, Hausfrau und Mutter

Mein Sohn war damals im letzten Jahr der Kita und sollte eingeschult werden. Neun Wochen vor dem Ende kam plötzlich der erste Lockdown. Er brauchte eigentlich noch die Frühförderung, doch plötzlich war alles weg. Zu Hause wurde er dann aggressiv, auch gegenüber seinem kleinen Bruder. Wir waren am Ende, denn es durfte keiner kommen, um uns zu helfen. Er war damals sechs und hatte einen besten Freund. Irgendwann fing er an, seine Sachen zu packen. Er wollte zu Timo.
Als ich ihm sagte, dass wir das noch nicht dürfen, traf mich der Schlag. Mein kleiner Junge drohte mit Selbstmord.

Da bin ich schlagartig wach geworden. Es konnte einfach nicht wahr sein, was da in der Seele meines Kindes passiert war. Timos Mama und ich beschlossen daraufhin, dass die Kinder sich weiterhin treffen sollen – das Wohl unserer Kinder war uns wichtiger als die menschenfeindlichen Verordnungen der Regierung. Irgendwann gab er mir eine Antwort für seine Wut: Er kämpfe gegen das Virus. Er konnte es zwar nicht sehen, aber mit der Sensibilität eines Kindes bekam er genug von den Ängsten der Erwachsenen um ihn herum mit.

Nach der Einschulung wurde dank panischen Lehrern und der Isolation während der Lockdowns alles noch viel schlimmer. Als die Schule dann geöffnet war, mit all diesen absurden Regeln, sonderten sie meinen kleinen Sohn einfach so aus – er konnte nicht so mitmachen wie die anderen. Am Ende war er nur noch vier Stunden in der Woche dort. Zum Schluss fürchtete er eine Lehrerin ganz besonders: Sie war sehr streng, was die Coronaregeln anging und drangsalierte die Kinder. Er hatte dann natürlich auch große Angst vor Corona und konnte es aber nicht sagen, also änderte sich sein Verhalten. Die Maske war der Horror für ihn.

Bis in einem anderen Projekt einer anderen Schule Platz war, dauerte es eineinhalb Jahre. Danach ging es schulisch langsam etwas besser. Ich muss zugeben, dadurch, dass mein Kleiner vor dem Ganzen schon eine Frühförderung brauchte, bekomme ich oft zu hören, dass es an uns liegt. Nein! Es ist nicht schön, wenn ein so sensibles Kind Dauerangst hat.
Die neue Schule hat Panik vermieden. Vorher musste mein Sohn allerdings fünf Monate lang eine Tagesklinik besuchen. Das Ende vom Lied ist, dass er zu allem noch eine Angststörung entwickelt hat, die immer mal wieder schlimmer wird, da er nicht über seine Gefühle reden mag. Nach der Schule geht er zu einer Tagesmutter. Für die Hilfen, die nicht da waren, machen uns jetzt andere Eltern verantwortlich und ich habe Depressionen.

Mein Kleiner wird sehr oft ausgeschlossen und auch die Familie zeigt mit dem Finger auf mich. Mein jüngster Sohn hat den Kindergarten leider mit Absperrbändern kennengelernt und ohne Frühstücksraum. Als all dies endlich weg war, war er schon fast fünf. Er war völlig überfordert und weinte oft. Kein Singen, kein Toben vorher – er braucht heute Zeit, diesen Horror loszulassen. Egal, wo ein Desinfektionsständer steht, dort rennt er immer noch hin. Das ist geblieben. All diese Unmenschlichkeiten, die sich gegen die Schwächsten und Schützenswertesten der Gesellschaft richteten, machen mich unendlich wütend auf die Politik – und auf alle, die mitgemacht haben.

Das wahre Gesicht der Kollegen

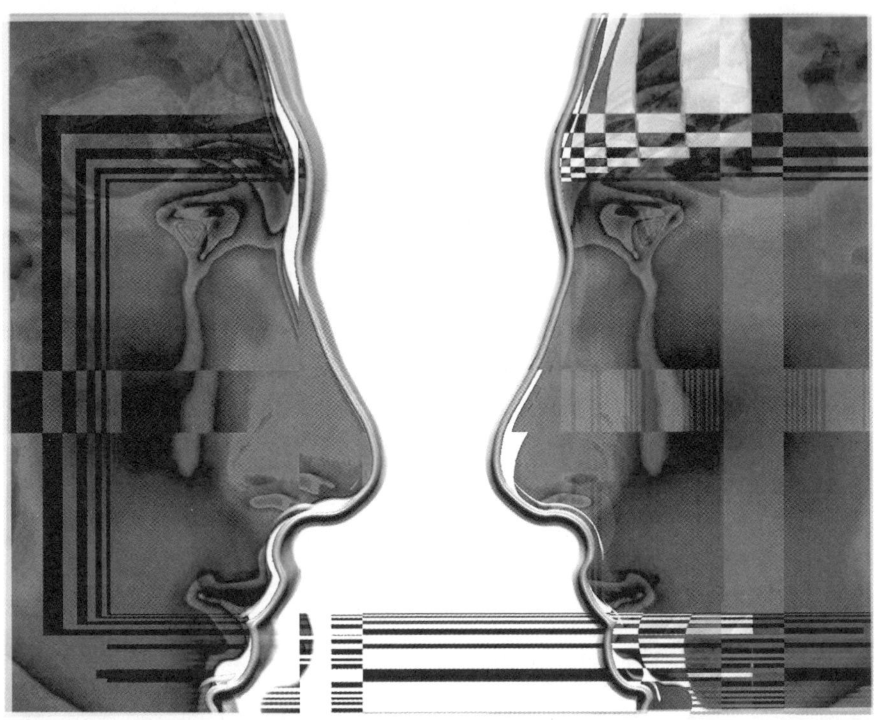

Mit Corona kam die Homeoffice-Pflicht, in der Arbeitgeber verpflichtet wurden, soweit es der Beruf erlaubte, Mitarbeiter von zu Hause aus arbeiten zu lassen. Viele Betriebe schlossen die Büros aus Angst vor dem Virus. Kinder, die während der Online-Sitzung bei Papa oder Mama auf den Schoß hüpften und in die Kamera winkten, wirkten auf die Teilnehmer einer Videokonferenz niedlich, für die Eltern bedeutete Homeoffice oft großen Stress. Von heute auf morgen mussten sie Kinder und Beruf unter einen Hut bringen.

Der Schutz der Kollegen und Mitarbeiter vor dem Virus sollte gewährleistet werden. Die einen begrüßten die Möglichkeit, von zu Hause aus zu arbeiten, andere vermissten ihre Kollegen. Nicht alle hatten die Wahl, denn nicht jeder Job ließ sich im Homeoffice erledigen.

Die 3G-Regel bedeutete für alle Ungeimpften, sie mussten sich jeden Morgen neu testen lassen, um überhaupt zu ihrem Arbeitsplatz zu gelangen. Im Gegensatz zu den geimpften Kollegen, denn ein Impfnachweis hielt eine Weile vor. Aushänge von Arbeitgebern, welche Mitarbeiter geimpft sind und welche nicht, widersprachen nicht nur dem Datenschutz, sondern waren ein Angriff auf die Privatsphäre.

Ungeimpfte wurden öffentlich vorgeführt und zu Menschen zweiter Klasse degradiert. Unter diesen Voraussetzungen sollten sie noch Leistung bringen, um zum Erfolg eines Unternehmens beizutragen, das ihnen menschlich den Rücken zugedreht hatte. In Handwerksbetrieben wurden Areale mit Flatterband abgetrennt, Ungeimpfte mussten sich teils vor den Kollegen testen, eine täglich erniedrigende Prozedur. Die Masken der Kollegen fielen – manche verloren jede Hemmung und schrien Maskenlose an, sie seien „Mörder". Arbeitnehmer, die kurz vor der Beförderung standen – ganz sicher nicht aufgrund schlechter Leistungen, sondern weil sie den Betrieb vorangebracht hatten – wurden von einem Tag auf den anderen gefeuert. All die wohlklingenden Workshops, Broschüren und Beratungsangebote zum Thema „Mobbing am Arbeitsplatz" waren plötzlich vergessen. Wie wichtig Teamwork ist, ein guter Umgang mit den Kollegen, sachliche Konfliktlösungen, all das interessierte nicht mehr. Dazu genügte ein Feindbild, das von den Medien sorgsam kreiert und durch alle öffentlich-rechtlichen Kanäle hinausposaunt wurde. Da konnte man direkt mitmachen und endlich mit gebührenfinanzierter Rückendeckung seinen Frust an den Kollegen auslassen.

Doch für jene, die sich dem Druck nicht beugten, gab es auch Trost. Morgens, wenn Ungeimpfte in der Schlange vorm Testzentrum standen, sahen sie, sie waren bei weitem nicht allein. Dort fanden sich neue Kontakte, Freundschaften und Zusammenhalt. Also genau das, was am eigentlichen Arbeitsplatz nun fehlte.

Hysterie im Büro

Birgit, 62, Sekretärin

Ich arbeite in einem großen Kölner Unternehmen als Sekretärin. Wie die meisten war auch ich am Anfang der Pandemie ängstlich und vorsichtig. Diverse Vorerkrankungen stuften mich als „vulnerabel" ein. Doch relativ schnell kam mir einiges komisch vor. Warum wurde niemand gesund? Warum veröffentlichten die Medien immer nur die Gesamtzahl der Erkrankten, aber nie, wie viele wieder gesund wurden?
Mein Chef hat familiäre medizinische Hintergründe, daher dachte ich zuerst, der wird schon vernünftig agieren. Doch da hatte ich mich getäuscht. Er war und ist einer der größten Fanatiker, die ich mir vorstellen kann. Ich wurde ins Homeoffice geschickt. Zwangsweise. Das wollte ich aber nicht, da ich den Trubel an meinem Arbeitsplatz liebte. Er ließ meine Argumente nicht gelten und erwiderte, er habe die Verantwortung für mich, und ich hätte das zu machen. Basta!

Es wurden Pläne ausgetüftelt, wer wann in sein Büro durfte. Es war traurig, psychisch hielt ich es kaum aus. Auf meinen Schreibtisch wurde eine Plexiglasscheibe gestellt und noch dazu in 1,5 m Abstand weiß-rotes Klebeband auf den Teppich geklebt, damit nur ja niemand zu nah an mich herantrat. Das Zinnober ging aber erst richtig los, als die Impfung kam. Die Hysterie einiger Kollegen war entsetzlich. Bei uns im Unternehmen wurde strikt nach „Prio" geimpft. In meinem Büro standen schreiende, heulende Kollegen, weil sie nicht in die erste Kategorie fielen und geimpft werden konnten. Es war schlimm für mich, da ich die Impfung ablehnte. Etwas, was ich nicht kenne, dessen Folgen ich nicht weiß, kommt für mich nicht infrage. Ich habe bereits einen Medikamentenschaden – nein, eigentlich sogar zwei, denn mein Geburtsfehler rührt von einem Medikament her, welches meine Mutter in der Frühschwangerschaft gutgläubig genommen hat.

Mein Chef äußerte tatsächlich einmal den Satz: „Man erkennt intelligente Menschen daran, dass sie sich impfen lassen." Da wusste er noch nicht, dass ich

das ablehne. Er propagierte die Impfung wie eine billige Werbung im Privatfernsehen.
Ständig das Thema ... impfen, impfen, impfen. Ich spielte lächelnd mit. Denn ich musste mich ja noch nicht outen.

Dann kam der Winter 2021/2022, als man nur noch geimpft oder getestet zum Arbeitsplatz durfte. Da musste ich dann beichten – das Gesicht des Chefs vergesse ich niemals. Jetzt ging es dann in die heiße Phase. Ich wurde damit beauftragt, die Impfbescheinigungen zu sammeln, ebenso die Testergebnisse. Mein Chef gab mir eine Liste an die Hand, auf welcher die von der Stadt Köln zertifizierten Testzentren standen. Das hieß, nicht nur zu kontrollieren, ob jeder brav getestet zur Arbeit kommt, sondern auch noch, ob es ein „richtiges" Testzentrum war. Wenn dies nicht der Fall war, sollte ich die Kollegen melden.

Wir hatten einen, der ging immer zu diesem Online-Testzentrum; ich hatte ihn bis dahin nicht verpetzt. Nun kam aber der Tag, als ich mal nicht im Büro war – ich wusste vorher, dass mein Chef meine Aufgabe übernehmen würde. Den Kollegen hatte ich mehrfach gewarnt. Der blieb aber stur. Als mein Chef mich zur Rede stellte, stellte ich mich dumm. Ich bin nicht der Typ, der Kollegen anschwärzt – außer, es ist wirklich so etwas Verwerfliches, dass es anders nicht geht. Das Ganze war für mich so furchtbar, dass ich kurz vorm Burnout stand. Ich merkte das daran, dass ich morgens immer langsamer zur Arbeit fuhr und komplett unmotiviert war. Im Homeoffice saß ich dann eines Tages um 10 Uhr noch im Schlafanzug, ließ das Telefon klingeln, beantwortete die Mails nicht. Das war der Punkt, als ich mich dann selbst in den Hintern trat und mich krankschreiben ließ. Die erste Ärztin, die ich hatte, war sehr verständnisvoll und schickte mich direkt zwei Wochen nach Hause. Ich musste dann noch einmal zu ihr gehen. Leider war die andere Ärztin in der gleichen Praxis nicht so verständnisvoll, aber gnädig. Ich konnte nochmal eine Woche herausholen. Mein Chef rief mich in der Zeit auch an und sagte zu mir, dass ich zugeben solle, dass ich Corona habe, ich wäre ja schließlich nicht geimpft – da müsste ich ja Probleme haben. Nein, ich hatte kein Corona!

Auch heute noch ist mein Chef „voll auf Linie". Ich diskutiere gar nicht mehr mit ihm. Es verletzt einfach nur. Im Oktober bin ich zehn Jahre lang im Unternehmen: Da gibt's bei uns ein kleines Geschenk und eine „Ehrenrunde" mit dem jeweiligen Vorgesetzten. Ehrlich gesagt, dazu habe ich gar keine Lust. Mein Chef ist eigentlich wirklich ein guter Chef, was die Arbeit angeht. Aber das C-Thema hat das Verhältnis getrübt. Auch privat kam es zu unschönen Vorfällen ... ich könnte hier noch Seiten schreiben. Ich bin mit dem Thema noch lange nicht durch. Verzeihen und vergeben? Ich weiß es noch nicht. Es hat sich noch niemand, der mich angegangen hat, bei mir entschuldigt. Und es waren viele.

Einmal bin ich mit einer anderen Kollegin aus einer anderen Abteilung im Aufzug gefahren. Die prahlte mit ihrer vierten Impfung und meinte, sie würde niemals mit Ungeimpften im Aufzug fahren oder sich neben so jemanden stellen. Das war das einzige Mal, als ich froh war über diesen blöden Lappen im Gesicht – mein Grinsen wäre zu auffällig gewesen!

Es gab aber auch Kollegen, die mir die Stange gehalten und mich verstanden haben, die leider aber auch fast alle eingeknickt sind. Urlaub, Golfplatz, Ausgehen, deshalb ließen sie sich impfen. Viele sagen jetzt zu mir: „Birgit, sei froh, dass Du stark geblieben bist, ich habe seit der dritten Impfung nur noch gesundheitliche Probleme ..."

Corona hatte ich jetzt – vor vier Wochen. Und was war? Drei Tage Fieber, ich war müde und schlapp, fertig. Ungeimpft, vulnerabel und über 60 Jahre alt habe ich diese „furchtbare" Krankheit überlebt.

Ausgemustert

Michael, 51, Reservist

Dank der Herren Prof. Dr. Stefan Homburg, Prof. Dr. Bhakdi, Dr. Wodarg und anderen bin ich weder auf das Corona- noch auf das Impfnarrativ hereingefallen. Bereits im April 2020 korrigierte ich meine zunächst gegenteilige Meinung und wechselte auf die richtige Seite.
Auch meine Partnerin konnte ich durch oftmaliges, geduldiges Zureden davon abhalten, heute mRNA-Gen-Therapeutika im Körper zu haben, wofür sie sehr dankbar ist!

Ich war als aktiver („beorderter") Reservist der Bundeswehr 10 Jahre im Heimatschutz aktiv. Mein letzter Einsatz war ein zweiwöchiger Katastropheneinsatz zusammen mit der aktiven Truppe im Ahrtal, Mitte bis Ende Juli 2021. Im September gab mir der Dienstherr zu verstehen, dass ich „ohne Covid19-Impfung als Reservist ausgeplant werde und an Einsätzen und Übungen nicht mehr teilnehmen kann". So kam es dann. Ich wurde als Persona non grata schnell aus dem internen Infosystem „entfernt". Der endgültige Befehl zur Auskleidung, der Abgabe der Uniform und aller Ausrüstungsgegenstände, kam letzte Woche.

In Deutschland sind die Angehörigen der Bundeswehr bis heute, Stand 19.01.2023, die letzte Bevölkerungsgruppe, die der Impfpflicht unterliegt. Sogar in den USA wurde gerade die Covid-19-Impfpflicht wieder zurückgenommen. Man überlegt dort, die über 8.000, auf diese Weise aus der Truppe entfernten, Soldaten zu rehabilitieren.
Trotz allem bin ich natürlich sehr, sehr froh, mir „den Schuss" nicht abgeholt zu haben!

Ich wollte nicht mehr leben

Tanja, 43, staatlich geprüfte Technikerin

Für mich begann der Verlust von Freiheit schon recht früh, da ich unter keinen Umständen eine Maske tragen konnte und lange vor 2G oder 3G kein Geschäft mehr betreten durfte. Selbst wenn ich nach einer kurzen Diskussion, Rechtfertigung und Kontrolle meiner Papiere mal in ein Gebäude durfte, so war es stets ein Spießrutenlauf, den ich nie allein wagte. Ich traute mich nur in Begleitung in die drei Geschäfte meiner Umgebung, die ich noch betreten durfte. Leider war kein Lebensmittelgeschäft dabei, sodass meine Familie die gesamte Zeit über für mich einkaufen musste.

Auf der Arbeit akzeptierte man mein Attest; doch der Weg bis zu meiner Werkbank war täglich von Angst geprägt, da ich von bösen Blicken bis zu Beleidigungen einiges ertragen musste. An manchen Tagen traute ich mich nicht einmal mehr zum Schraubenregal oder zur Toilette und verbrachte den gesamten Tag an meiner Werkbank. Dort fühlte ich mich sicher vor verbalen Angriffen. Genau wie bei den wenigen Aufenthalten in Geschäften stand ich ständig unter Spannung und wusste mich kaum noch auf etwas Anderes zu konzentrieren als auf die Menschen, die mich mieden – die maskierten Mitmenschen und ihre prüfenden Blicke. Ich hatte das Gefühl, sie hassten mich.

Zwischenzeitlich bekam ich heftige Unterleibsschmerzen und bat meine Hausärztin um einen eintägigen Krankenschein, da ich kaum aufrecht gehen und nicht arbeiten konnte. Sie kennt mein Problem seit Jahrzehnten! Doch ich durfte nicht zu ihr – zeitgleich verweigerte man mir Hilfe und eine Krankschreibung am Telefon.
So kam es, dass ich den Tag Urlaub nehmen musste, um mich zu erholen. Von dem Augenblick an war klar, dass ich fortan keine ärztliche Hilfe mehr bekommen würde. Da hatte ich plötzlich Angst vor Autofahrten und davor, überhaupt nur das Haus zu verlassen: Ich wusste, dass ich im Falle eines Unfalls oder nur einer Verletzung keine Hilfe, ja nicht einmal einen Krankenschein

bekommen würde. Die Panik wuchs und mein Leben fand nur noch an zwei Orten statt: Zuhause und auf der Arbeit. Mein Leben fühlte sich wie ein Gefängnis an, wo ich zwischen Zelle und Werkstattraum hin und her pendelte. Dazwischen gab es einfach nichts mehr.

Inzwischen hatten mir auch meine Freunde nach 10 Jahren enger Freundschaft den Rücken gekehrt und mich fallen gelassen. So kam es, dass ich zunehmend Heulattacken bekam und mich kaum noch zu beruhigen wusste. Auf der Arbeit nahmen die Angriffe zu. Ich wurde auch quer durch die ganze Halle brüllend beschimpft, dass ich „schuld an der Pandemie wäre und mit meiner Maskenverweigerung die ganze Firma gefährden würde!" Zudem „gehörten Ungeimpfte weggesperrt und sollten nicht frei rumlaufen dürfen!" Dabei kam mir kein einziger Kollege zu Hilfe und ich blieb ganz allein, obwohl alle drumherum standen.

Als dann 3G bei uns in der Firma angekündigt wurde, wurde alles noch viel schlimmer. Ich wollte mir keine Stäbchen reinschieben lassen und machte einen Spucktest, mit dem ich mich selbst daheim testete und das Ganze filmte. Ich kam mit dem Test und dem Video zur Arbeit – und wurde mit einer Abmahnung des Geländes verwiesen! Die Firma akzeptierte nur Tests von Testzentren und so auch keine Spucktests. Doch es gab kein Testzentrum, in das ich ohne Maske hätte gehen können und ich wollte mir auch nicht täglich durch die Autoscheibe bei Drive-Ins irgendwas in die Nase stecken lassen. Ich hatte wahnsinnige Angst davor! Ich bettelte förmlich um andere Möglichkeiten: Neben den Spucktests vor Ort, die ich sogar selbst bezahlen wollte, bot ich auch an, nur noch allein an einer Maschine zu arbeiten, in einem separaten Raum Vormontagen zu machen oder im geschlossenen Stapler im Lager zu bleiben. Sogar die Hecken auf dem Parkplatz hätte ich geschnitten – nur, damit ich weiterarbeiten darf. Doch es half alles nichts: Ich durfte nicht mehr aufs Gelände und wurde fristlos gekündigt.

Ich war dermaßen am Ende, dass ich versucht habe, mir das Leben zu nehmen. Noch im Auto sitzend, kratzte ich mir aus völliger Verzweiflung mit den Fingernägeln das Handgelenk blutig und offen in der Hoffnung diesem Wahnsinn endlich zu entkommen. Inzwischen war nicht nur meine Freiheit dahin und meine Freundschaften verloren, nun war auch noch der Job weg. Dabei hatte man mir zwei Wochen vor 3G noch erzählt, wie wichtig ich für die Firma wäre und dass man bereit wäre, mir bei den Spritpreisen entgegenzukommen, weil man Angst hatte, ich könnte deshalb kündigen. Dies wäre „ein großer Verlust für die Firma."

Doch plötzlich wollte man mich nur noch loswerden. Ich wusste nicht mehr weiter.
Auf dem Arbeitsamt ging es dann weiter: Ich durfte nicht ins Gebäude und wurde vom Türsteher noch auf der Straße lauthals beschimpft. Was mir denn einfiele, ungeimpft und ohne Maske hier aufzukreuzen?! Ich wurde draußen auf dem Bürgersteig abgefertigt – und durfte ganze fünf Monate auf die erste Zahlung warten.
Immer wenn ich nachfragte, hieß es „Wir bearbeiten! Das dauert halt!" Ich habe da ja meine ganz eigene Vermutung, warum es ausgerechnet bei mir so lange dauerte, nachdem die Menschen in dem Gebäude mir klargemacht hatten, was sie über mich denken. So kamen jetzt also auch noch Geldprobleme dazu.

Doch das war immer noch nicht das Ende des Terrors: Am Ende sollte ich sogar meinen Vater verlieren, der nach der dritten Spritze durch Gehirnblutungen zum Pflegefall wurde und nach monatelangem Kampf in Krankenhäusern und Pflegeheimen am Ende einem Herzstillstand erlag. Während seiner ganzen Krankheit durfte ich ihn nie sehen oder besuchen. Ich kannte ihn fast nur noch über Handyvideos, die meine Mutter während ihrer Besuche machte. Ich musste immer draußen vor dem Gebäude bleiben wie ein Hund.
Ausgegrenzt, der Freiheit beraubt, schikaniert, verstoßen, ungewollt, beschimpft, und nun auch noch meines Vaters beraubt. Das brachte mich endgültig zum Zusammenbruch. Ich konnte einfach nicht mehr!

Inzwischen bin ich in therapeutischer Behandlung, die ich nur deswegen überhaupt bekommen habe, weil ich Dank neu aufgebauter Freundschaften einen Arzt gefunden habe, der mich auch ohne Maske und Nachweis empfing. Durch ihn bekam ich eine sofortige Not-Vermittlung. Ich versuche gerade, seelisch wieder auf die Beine zu kommen. Aber ich werde nie vergessen! Zumal mich meine Narbe am Handgelenk immerzu daran erinnern wird, was mir als Mensch angetan wurde und wie kurz ich davor war, keinen anderen Ausweg mehr zu finden aus diesem Albtraum.

Beratung ohne Mimik

Christian, 38, Serviceberater / Automobilkaufmann

Der Wahnsinn ging Ende Januar 2020 los, als die ersten Coronafälle in unserer Region auftauchten: Es kamen erste abstrakte Regeln und Beschränkungen; bis hin zum Passierschein war alles auf einmal normal. Plötzlich als systemrelevant zu gelten, aber in Kurzarbeit zu sein, weil wir in der Kfz-Werkstatt keine Kunden bedienen durften – das war völlig irre.

Ich bin Serviceberater. In der Zeit, als der ganze Maskenwahn losging, wurde auch mein Beruf komplett umgekrempelt. Man sah plötzlich nicht mehr in Gesichter, sah keine Reaktionen, keine Mimik mehr, nur noch gesichtslose Wesen. Für mich ein nahezu inakzeptabler Zustand, wenn man auf die Interaktion mit den Kunden angewiesen ist. Aber auch dies habe ich überlebt. Nach meiner Kündigung am Mittagstisch allerdings bin ich dann in Depressionen mit Panikattacken verfallen. Ich war eineinhalb Jahre krank zu Hause und zum Glück in Therapie.

In der Zeit habe ich meinen Freundeskreis bis auf wenige Menschen zusammengestrichen – auf jene, die nicht blind gehorchten. Dann kam das Thema Impfung auf, die meine Frau und ich weiterhin verweigern, aus guten Gründen. Meine Familie hat sich eigentlich komplett zerstritten. „Spritzen für die Freiheit“ fanden viele leider zu verlockend, um einem dann mit ihren Nebenwirkungen auf die Nerven zu gehen. Nee, das musste ich mir nicht antun. Meine Mutti hat durch den Wahnsinn ihre beste Freundin verloren – ihr Mann war nach der Spritze nur noch ein Schatten seiner selbst, sie selbst geistig völlig am Ende. Von sechs Fällen „plötzlich und unerwartet" im weiteren Umfeld mal ganz zu schweigen. Dafür kenne ich keinen einzigen, der an dem Virus verstorben ist. Alles sehr fragwürdig …

Die Ärzte hier in der Region sind teilweise auf einem 2G-Trip, meine Frau wurde beim Augenarzt in die Besenkammer gesetzt und ich musste den Saal verlassen. Zwischenzeitlich hatte ich noch eine Anstellung, vier Monate lang, bis dann am ersten Tag einer Krankheit sofort die Kündigung kam. Da waren übrigens nahezu alle auf einem Paranoia-Trip: Als ich die „Anti-Spuck-Scheibe" vor meinem Platz entfernt habe, ging ein aufgebrachtes Raunen durchs Team.

Bisher haben wir es nicht geschafft, uns mit dem Virus anzustecken, wieso auch immer. Die Influenza halte ich für weitaus gefährlicher, wir sehen es diesen Winter live.
Meine Meinung zu bestimmten Politikern, die eigentlich in einer Irrenanstalt sitzen müssten, behalte ich lieber für mich. Die haben so viele Menschen ins Unglück gestürzt, da würden sich manch frühere Diktatoren noch etwas abschauen können.

Ich wurde hinausgeekelt

Birthe, 61, erwerbslos

Ich war 36 Jahre lang Büroangestellte in einem Handwerksbetrieb.

Die Entwicklung der Coronaplandemie habe ich schon früh mit Sorge beobachtet. Mir war schnell klar, dass das andere Hintergründe haben muss, als uns immer wieder erzählt wurde. In dem Unternehmen, in dem ich tätig war, wurde recht schnell beschlossen, Masken einzuführen. Einfache Tücher vor dem Gesicht waren auch erlaubt. Nur am Arbeitsplatz durfte man frei atmen. Ich habe meinen Arbeitsplatz daher so selten wie möglich verlassen.

Alles änderte sich mit der Einführung der Impfung, die ich natürlich strikt ablehnte. Im November 2021 kam dann diese irre Maßnahme mit den täglichen Tests für Ungeimpfte. Meine obrigkeitshörigen Chefs setzten den Befehl strikt um. Allerdings wurden die Tests gestellt und ich durfte mich selbst testen. Nach 14 Tagen hatte ich die Nase voll und ließ mich erstmal krankschreiben. Ich war zu dem Zeitpunkt schon die einzig Ungeimpfte und musste mir immer Sprüche anhören, wie „Lass dich impfen und du hast den Stress nicht!". Meine Nerven waren davon schon sehr angegriffen.
Ab dem 3. Januar 2022 ging ich dann wieder zur Arbeit, schon mit Bauchschmerzen. Ich musste sofort in das Büro der Chefs, wo mir mitgeteilt wurde, dass mir nur noch zwei Tests pro Woche zur Verfügung gestellt werden und ich die anderen drei selbst bezahlen muss. Das fand ich zwar blöd, tat es dann aber. Die Stimmung auf der Arbeit war für mich psychisch sehr belastend. Immer wieder kam der Hinweis auf die Impfung. Nach 14 Tagen musste ich wieder zu meinen Vorgesetzten. Diesmal wurde mir mitgeteilt, dass ich zwei Tests zur Verfügung gestellt bekäme, die anderen drei aber in einem Testzentrum zu machen hätte, bevor ich zur Arbeit käme.

Zu der Zeit gab es bei uns im Ort kein Testzentrum, das hieß für mich, ich musste Umwege und Zeitaufwand in Kauf nehmen, um überhaupt arbeiten zu können. Die zwei gestellten Tests durfte ich auch nicht mehr allein machen, sondern unter Kontrolle der Chefs. Ich war am Boden zerstört und zu Hause konnte ich nur noch heulen. Ich ließ mich dann gleich wieder krankschreiben. Bei der Abgabe des Krankenscheines in der Firma ist es dann eskaliert. Mein Chef hat mich angebrüllt, was ich denn hätte. Ich sagte ihm, dass ich ihm das nicht sagen muss. Er brüllte weiter und meinte, dass ich, wenn ich wieder zur Arbeit komme, in sein Büro kommen muss, zwecks einer „Aussprache“.

Ich hatte ihm gesagt, dass er mir doch kündigen soll, wenn ich als Ungeimpfte, gesunde Arbeitskraft so untragbar bin. Das wurde abgelehnt. Ich verließ zitternd sein Büro und wusste, dass ich dort keinen Fuß mehr hineinsetzen würde. Mit 60 Jahren musste ich mich anbrüllen lassen wie ein Kind ...! Das war so unfassbar. Ich ließ mich dann 12 Wochen krankschreiben und reichte die Kündigung ein. Zum Glück habe ich eine großartige Familie hinter mir, die mich in dieser Zeit toll unterstützt und auch zur Kündigung geraten hat, um nicht psychisch zu zerbrechen, so kurz vor der Rente. Ich werde diesen Menschen vielleicht mal verzeihen können, aber ich werde es nie vergessen.

Abmahnung wegen Schnelltest

Hermann, 46, Büroangestellter

Es war die Zeit Ende November 2021, als alle ungeimpften Mitarbeiter jeden Tag einen Negativ-Test vorlegen mussten. Ich hatte es „gewagt", mit zwei verschiedenen Schnelltest-Ergebnissen von verschiedenen Teststellen morgens im Büro zu erscheinen: Einer war positiv und einer negativ. Der erste Schnelltest vom Vorabend, den ich bei einer Teststelle nahe beim Büro gemacht hatte, zeigte bei mir zum ersten Mal ein positives Ergebnis an. Das konnte ich wegen meiner zurückgezogenen Lebensweise zu der Zeit aber nicht nachvollziehen und hielt es daher für falsch.

Darum machte ich den Schnelltest eine halbe Stunde später woanders nochmal, und zwar dort, wo ich eigentlich immer für Schnelltests hingegangen war – die Ergebnisse waren dort stets negativ. So auch diesmal. Und obwohl ich morgens im Büro bei einer Kollegin, die dafür zuständig war, dann den Schnelltest wiederholte, mit negativem Ergebnis, wurde ich sogleich hysterisch aus dem Büro geschmissen.
Der PCR-Test des Gesundheitsamtes bestätigte mir dann am selben Tag: negativ.

Zwei Monate später bekam ich trotzdem eine Abmahnung!
Das werde ich denen nie vergessen.

Beförderung gestrichen

Ulrike, 51, Berufsschullehrerin

Ich bin seit September 2020 krankgeschrieben, weil ich trotz Maskenattests eine Dienstanweisung zum Tragen der Maske meines damaligen Seminarleiters erhielt.
Ich stand gerade kurz vor der Beförderung zur Studiendirektorin – die Prüfung hatte ich mit: „über die Maßen geeignet" bestanden. Doch das war plötzlich nicht mehr von Interesse. Meine Schulleitung hatte überdies noch meinen Arzt kontaktiert, um weitere Diagnosen zu meinem Maskenattest einzufordern.

Mein Arzt hielt sich zwar an seine Schweigepflicht, wollte mich aber in Folge nicht mehr sehen. Nur durch einen „Zufall" konnte ich doch noch einen Termin bei ihm erhalten, bei dem er mir erklärte, dass bei ihm, aufgrund des von ihm ausgestellten Maskenattests, eine Durchsuchung durch das Gesundheitsamt stattgefunden hatte. In der Schule wurde ich nach Einreichung meines Attests zunächst vom Unterricht freigestellt, was ich über den Dezernenten rückgängig machen konnte.

Im Seminar wurde ich zwei Tage nach meiner Krankmeldung von diesem Posten entpflichtet: Man könne mich nicht mehr alleine den Referendaren zumuten und müsse ab nun immer einen weiteren Kollegen einbeziehen, da ich zu sehr „manipulieren" würde. Das sei zu viel Aufwand für die Seminarleitung. Ein eingereichtes Eilverfahren zur Wiedererlangung meiner Beförderung bestätigte „selbstverständlich" den Antrag meiner Seminarleitung.

In der Folge war ich häufiger beim Amtsarzt und wurde jedes Mal wieder dienstfähig geschrieben. Da meine Schulleitung bis heute ein Gespräch verweigert, bin ich durch meinen jetzigen Arzt weiterhin krankgeschrieben.

Der Höhepunkt des Geschehens ist aus meiner Sicht das Gespräch mit dem psychiatrischen Dienst, mit einem Amtsarzt des Gesundheitsamts, gewesen.

Er teilte mir mit, dass sie vom Gesundheitsamt auch nicht alle Maßnahmen mitgemacht hätten. Ich würde mich da mit einem „Tanker" anlegen. Er selbst wolle sich das nicht antun, denn er sei schließlich Beamter und wolle dies auch bleiben. Die Macht, die die Gesundheitsämter erhalten haben, hätten sie gar nicht haben wollen und deswegen seien sie auch nicht verantwortlich.

Diese Haltung verschlägt mir heute noch die Sprache. Wider besseres Wissen handeln, aus Bequemlichkeit und Anpassung Schuld auf sich zu laden und das dann auch noch ganz normal zu finden – zeigte ein erschreckendes Gesellschaftsbild. Ich verließ den Raum dann nur mit den Worten: „Ich bereue nichts. Und Sie?"

Mir wird noch immer mulmig

Nicole, 45, Verwaltungsangestellte

Ich erinnere mich noch gut an den Anfang der Pandemie. Ein kurzer Rückblick: Im Sommer 2003 war ich kurz nach Aufhebung der SARS-Reisewarnung für zwei Monate in Peking und hielt mich unbesorgt, ohne Maske und Abstand, aber topfit in Bussen, Metros, Mehrbettabteilen in Nachtzügen und Großraumbüros auf.

Im Winter 2020 fielen dann unbeschwerte Witze, wenn jemand hustete, nieste oder überdurchschnittlich viele Konservendosen in seinen Einkaufswagen lud. Natürlich akzeptierten wir als Familie den ersten Lockdown im März 2020 und selbstverständlich befolgten wir alle Vorgaben. Auch das Home-Schooling unserer beiden Kinder, zu dem Zeitpunkt 11 und 9 Jahre alt, lief, trotz unserer beiden Vollzeitjobs mit nur wenig Home-Office-Möglichkeiten, recht gut.

Lediglich für Verwunderung sorgte, dass die über Skype zugeschaltete Freundin meiner Tochter erst gegen 11 Uhr an den Laptop kam, und ihre Mutter,

Lehrerin, laut Aussagen ihrer Tochter, zu der Zeit noch im Bett lag. Um 11 Uhr hatte ich im Normalfall bereits die Hälfte meines achtstündigen Bürotages hinter mir. Unsere Kinder waren oft zwangsweise auf sich allein gestellt, und daher schon sehr selbständig; das kam uns in dieser Zeit zugute.
Zuvor hatten wir jederzeit unsere äußerst lieben und hilfsbereiten Großeltern um Hilfe gebeten – das war von einem auf den anderen Tag vorbei. In unserer Freizeit versuchten wir, Corona weitestgehend auszublenden und mit vielen Outdoor-Aktivitäten für Normalität zu sorgen. Auch Urlaub war im Sommer 2020 möglich. Das Jahr 2021 begann dann stressbedingt mit einem Tinnitus, und die Freuden des ersten Sommerurlaubs 2021 wurden durch ein täglich verpflichtendes Corona-Testregime erheblich gedämpft.

So langsam gewann das Thema „mRNA-Impfung" an Fahrt. Da ich wissen wollte, was genau dahintersteckt, las ich das Buch „Corona-Impfstoffe – Rettung oder Risiko?" von Clemens Arvay. Danach war mir klar, dass wir als gesunde Familie aufgrund des Risikoprofils keine mRNA-Impfung benötigen.

Viele meiner Bekannten sehnten bereits die Impfung herbei, ich brachte meine Gegenargumente vor, die aber meist nicht verfingen. Der Sommerurlaub in Schweden brachte uns wenigstens für ein paar Wochen die Normalität zurück. Danach schlugen die Corona-Maßnahmen in Deutschland aber mit aller Härte durch. Die STIKO war eingeknickt und hatte die Impfung für Kinder ab 12 Jahren freigegeben, obwohl Kinder weder Treiber noch Risikogruppe waren und unser aller Schutz bedürfen!

Mein Brief „Bitte kommen Sie der Politik nicht entgegen" an Prof. Mertens war natürlich unbeantwortet geblieben. Ich bekam langsam Angst – und dies zurecht. In der Klasse unserer mittlerweile 12-jährigen Tochter ließen sich sukzessive alle bis auf drei Kinder impfen. Die Luft wurde dünner im Herbst; auch die Sport- und Musikvereine begannen plötzlich, den Impfstatus meiner Tochter abzufragen, um sie im Anschluss dann als Ungeimpfte auszuschließen. Meine Tochter bekam eine Einladung zum Kindergeburtstag auf einer Eisbahn, doch dort galt plötzlich auch 2G.

Ebenso konnten wir das Geburtstagsgeschenk für ihre Freundin nicht kurzfristig in der Stadt besorgen, da auch die Geschäfte die 2G-Regel befolgten. Manchmal reichte die Zeit für eine Amazon-Bestellung nicht aus. Ich war wütend und schrie meine Tochter an, die ganz ruhig blieb. Wie schaffte sie das? Ich habe immer noch Tränen in den Augen, wenn ich an diese unzähligen, hilflosen Situationen denke.

Auch auf der Arbeit wurde es zusehends schwer, da ich in der Verwaltung einer Behinderteneinrichtung arbeite. Impfaufrufe und -angebote fanden fast wöchentlich statt. Vor fast jeder Besprechung wurde der Impfstatus offengelegt und ausdiskutiert. Einmal stellte mich mein eigener Chef in einer externen Besprechung bloß und schimpfte völlig am Thema vorbei über die vielen Ungeimpften, die an den Lockdowns schuld sind. Mein Puls raste, aber ich fand dennoch ein paar knappe Worte, um die Sinnhaftigkeit der Impfung infrage zu stellen. Ein persönlicher Tiefpunkt für mich, der mich menschlich sehr enttäuscht hat.

3G am Arbeitsplatz war noch machbar, aber irgendwann stand die einrichtungsbezogene Impfpflicht im Raum – und wurde wahr. Ein existenzbedrohender Albtraum, den ich aber mit einigen anderen willensstarken Kollegen gut überstanden habe. Wir haben zusammengehalten und wir haben durch-gehalten! Wieder ein positiver Aspekt! Stets an meiner Seite stand mein Mann, der auch absolut gegen die Impfung ist.

Glücklicherweise bekam ich – und schließlich meine Familie – im Dezember 2021 Corona (die Delta-Variante), was ziemlich ruhig bis symptomfrei verlief. Ich frage mich dennoch: Wieso werden bei positiven Tests dieses gefürchteten Virus nicht umgehend Erste-Hilfe-Kits zur Verfügung gestellt? Nach Hause gehen und Abwarten ist für mich kein nachvollziehbares, medizinisches Vorgehen.

Es gibt bspw. chinesische Kräutertees zur Reduzierung der Virenlast, die wir uns dann selbst organisiert haben. Der erworbene 2G-Status war für uns ein

Befreiungsschlag. Wir gingen von dort an fast wöchentlich auf die Straße, um gegen die allgemeine Impfpflicht zu demonstrieren, und mussten einmal sogar am Boden liegende, friedliche Demonstranten sehen, die von Polizisten blutig geprügelt wurden.

Schließlich ist die allgemeine Impfpflicht im Bundestag doch noch gescheitert. Ich war unendlich erleichtert. Einen neuen Job aufgrund der einrichtungsbezogenen Impfpflicht hätte ich sicher schneller gefunden als ein neues Heimatland. Letzten Endes bleibt aber der Beschluss, auszuwandern. Zu tief sitzen die Wunden und Verletzungen. Deutschland und ein Großteil der Deutschen waren ein Albtraum während Corona.

Noch immer stehe ich im Geschäft, der Bücherei oder im Schwimmbad und erinnere mich, dass der Zutritt nicht mehr selbstverständlich ist. Dann wird mir immer mulmig ...

Isolation im Pflegeheim

Ältere Menschen galten als besonders gefährdet für einen schweren Verlauf im Fall einer Erkrankung. Immer wieder wurden die Coronamaßnahmen damit begründet, dass die Gruppe der über 60-Jährigen vor dem Virus geschützt werden muss. Als im März 2020 entsprechend das Besuchsverbot in den Pflegeeinrichtungen kam, hatte das fatale Auswirkungen auf die körperliche und seelische Gesundheit der Bewohner.

Die eigene Familie durfte nicht mehr zu Besuch kommen, Aktivitäten und gesellige Treffen mit den Mitbewohnern fielen aus. Die neue Isolation war für viele kaum auszuhalten; den Menschen blieb nur, alleine im Zimmer zu sitzen, ohne Freude und Geselligkeit. Sie mussten damit klarkommen, dass sie ihre engsten Verwandten auf lange Zeit nicht mehr sehen würden.

Was es mit der Seele eines Menschen macht, wenn man ihm sämtliche Freizeitaktivitäten nimmt, dazu noch die Nähe zu seiner Familie verbietet, danach fragte niemand. Ältere, die alleine lebten, hatten keinen Anlass mehr, aus dem Haus zu gehen, als alle Freizeiteinrichtungen und Begegnungsorte geschlossen waren. Katastrophal war die Isolation für Patienten mit Parkinson oder Demenz. Sie konnten nicht verstehen, was da gerade passierte, warum die regelmäßigen Besuche ihrer Liebsten ausblieben und reagierten mit Trauer, hilfloser Wut und Verzweiflung.

Wurde jemand krank oder hatte einen Unfall, bekamen Angehörige zwar einen Anruf, konnten ihren Eltern aber in der Not nicht beistehen – denn auch im Krankenhaus herrschte Besuchsverbot. Mit ihren Schmerzen, ihrer Angst und in einer fremden Umgebung mussten die Patienten ohne Trost und Beistand klarkommen.
Als Besuche dann unter strengsten Auflagen wieder erlaubt waren, schaffte eine Plexiglasscheibe unnatürliche Distanz. Und natürlich galt die Maskenpflicht, sodass manche ihre eigenen Kinder nicht mehr erkannten.

Ein solches Treffen war demütigend, schmerzhaft und sorgte für Tränen und erneute Verzweiflung. Selbst Berührungen waren verboten. Die Geschichten von Angehörigen zeigen das dystopische Bild einer Festung. Stattdessen machten nun Impfärzte Visite. Angehörige wurden unter Druck gesetzt, ihre Einwilligung zur Impfung zu geben. Rücksicht auf die persönliche Lage, die Gefühle und die gesundheitliche Vorgeschichte der Patienten waren überflüssig, sobald es um die Spritze ging. Schließlich galt auch in Alters- und Pflegeheimen das unverrückbare Narrativ: Corona ist gefährlich, die Impfung schützt. Dem Impfdruck war nicht auszuweichen und die Folgen waren fatal. Angehörige schildern, wie ihre Eltern kurz nach der ersten Impfung oder einem Booster an schweren Nebenwirkungen erkrankten oder starben.

Die Gefahr, die von der Injektion ausging, ja allein, dass es Nebenwirkungen geben könnte, galt schließlich offiziell als Verschwörungstheorie.

Ältere Menschen schrieben mir, sie haben in ihrem Leben schon so viel durchgemacht und überstanden, warum sollten sie sich gegen ein bestimmtes Virus impfen lassen, wo es doch so viele andere Krankheiten gibt? Sie wollten ihr Leben in Ruhe, Würde und Freiheit ohne staatliche Eingriffe verbringen.

Das Ergebnis der Coronapolitik für alte Menschen ist fatal: Im „Kampf gegen Corona" und im Namen des hochgepriesenen „Schutzes" wurde ihnen ihre Würde, die Nähe zu den Angehörigen und oft ihre seelische und körperliche Gesundheit genommen.

Mein Vater verstand die Welt nicht mehr

Petra, 65, Technische Zeichnerin

Meine Mutter verstarb 2016 nach schwerer Demenz und mein Vater war alles, was ich noch hatte. Er kam im Frühjahr 2017 nach einem Oberschenkelhalsbruch, von dem er sich nicht erholte, ins Pflegeheim. Nach dem Lockdown im Frühling 2020 konnte ich meinen Vater sieben Wochen nicht besuchen. Wir konnten telefonieren, aber er hat nie verstanden, warum ich nicht komme. Er dachte, ich wolle ihn nicht mehr sehen. Er war einer der liebenswertesten Menschen, die ich kenne. Im Heim war er sehr beliebt, weil er immer freundlich war und gern an allen Aktivitäten teilnahm.Im Lockdown gab es dort nichts mehr.

Kein gemeinsames Essen mehr im großen Speisesaal, kein gemeinsames Singen, Spielen oder Basteln. Die Bewohner verließen ihre Station nicht mehr. Die Bewohner wurden morgens aus ihrem Zimmer geholt, ins Wohnzimmer auf der Station gebracht und verbrachten dort den Tag. Mein Vater wollte mich sehen und sagte das auch ständig, er verstand nicht, warum das plötzlich nicht mehr ging. Mitte Mai 2020 wurde er wütend und schlug mit der Hand gegen die Zimmertür, wobei er sich verletzte.

Der Notarzt wurde gerufen. Er rief mich dann an, ich sollte mit meinem Vater reden und ihn beruhigen. Mein Vater bezweifelte, dass ich am Telefon bin und fantasierte, man wolle ihn „verrückt" machen. Auch äußerte er, dass er sich aus dem Fenster stürzen wolle. Das wäre niemals möglich gewesen, da er im Rollstuhl saß und nicht allein aufstehen konnte. Da die Pflegekräfte ihn aber nicht beruhigen konnten, brachte man ihn in die Psychiatrie. Die kurzen Besuchszeiten ignorierte ich und wir machten einen langen Spaziergang. Zurück im Heim war er ein anderer Mensch, machte keine Witze mehr und wirkte teilnahmslos. Die Besuchszeiten wurden auf 1 x pro Woche 30 Minuten beschränkt. Hinter dem Haus im Freien wurde ein Pavillon aufgestellt. Zwei Tische (2 m Abstand) und eine Plexiglasscheibe trennten mich von ihm. So saßen wir da, er mit Maske, ich mit Maske.

Ich sah seine Tränen, es zerriss mir das Herz. Nach ein, zwei Minuten waren mir die Vorschriften egal. Ich nahm ihm und mir die Maske ab, ging um den Tisch herum und setzte mich neben ihn. Die Pflegerinnen haben es gesehen, aber nichts gesagt. Weiterhin fanden keine Aktivitäten im Haus statt, die Bewohner saßen stumpf herum. Anfang August 2020 wollte mein Vater zu mir und versuchte, das Heim zu verlassen. Er konnte mit seinen Füßen den Rollstuhl bewegen und irrte durchs Haus.
Die Pflegerin brachte ihn zurück auf Station, was ihm nicht gefiel. Er schlug um sich und war sehr aggressiv. Ein Arzt wurde gerufen, der ihn erneut in die Psychiatrie einwies. Dort angekommen, wurde eine Suizidgefahr diagnostiziert. Wieder waren meine Besuche dort sehr eingeschränkt. Ich hatte mehrere Gespräche mit der Psychiaterin und wollte, dass er zurück ins Heim kommt. Sie sagte mir, dass er bleiben müsse und ich nach einem geschlossenen Heim schauen soll.

Man könne ihn nicht mehr ohne Aufsicht lassen. Nach einem sehr langen und ausführlichen Gespräch mit der Heimleitung kam diese zum Ergebnis, dass mein Vater doch wieder zurückkommen kann, nach drei Wochen und einer Unterschrift „auf eigene Verantwortung". Es gab eine große Gesprächsrunde mit allen beteiligten Pflegekräften. Ich habe den Druck und die Bedenken der

Pflegekräfte verstanden und versicherte ihnen, dass ich sie von der Verantwortung freispreche. Ich sagte ihnen: Freiheit geht vor Sicherheit.

Sollte ihm etwas zustoßen und er zu Tode kommen, dann ist er in Freiheit gestorben. Sobald ich mit ihm allein war, habe ich die Maske und die Plexiglasscheibe ignoriert. Ende 2020 wurde ich mehrmals von der „Impfärztin" angerufen, dass noch immer die Einverständniserklärung zur Impfung fehlt und es wurde mir suggeriert, dass er an eventuellen gemeinschaftlichen Aktivitäten ungeimpft nicht teilnehmen kann. Schweren Herzens habe ich Anfang Januar 2021 dann zwei Impfungen zugestimmt, Booster habe ich bis zuletzt verweigert.

Von Januar 2021 (ab der Impfung) bis Ende 2021 hat mein Vater 2 Kleidergrößen zugenommen. Die Lymphe nahmen beträchtlich zu, seine Füße und Hände waren aufgeblasen wie Ballons. In der Zeit entwickelte sich auch eine rasch fortschreitende Demenz. Er war vorher schon vergesslich, wie es bei einem 90-Jährigen nun mal ist, aber er erkannte mich immer und wir redeten viel über alte Zeiten, Urlaube etc. Ob man dies der Impfung zuschreiben kann? Ich weiß es nicht. Dennoch war der Zusammenhang seltsam. Er hat mich zumindest bis zum Schluss erkannt, auch wenn es 15 Minuten dauerte, bis ihm die Erinnerung kam. Mein Schmerz und mein Unverständnis über das, was passiert ist, kennen keine Worte. Aber das alles zu erzählen, tut gut und hilft hoffentlich dabei, die Zeit der Menschenrechtsverletzungen aufzuarbeiten.

Polizeigewalt im Pflegeheim

Ute, 53, kaufmännische Angestellte

Es war ein Sonntag. Wir wollten gerade zu einer Demo in Frankfurt fahren, als meine Mutter mit ihrem Auto wieder zu Hause ankam. Zitternd, mit roten Armen und blutverschmiertem Müllbeutel mit Kleidung meines Vaters darin. „Die haben mich mit drei Polizisten aus dem Heim geholt", war das einzige, was sie sagen konnte.

Frankfurt war also gestrichen, es galt, meine Mutter zu beruhigen; ein Kaffee war erst mal vonnöten. Was war passiert? Meine 83-jährige Mutter wollte meinen Vater im Pflegeheim besuchen, sie hatte sich dort auch ordnungsgemäß angemeldet. Beim Hineingehen setzte sie eine OP-Maske auf, weil sie Angst vor der ständigen Konfrontation hatte. Obwohl in diesem Heim ihre attestierte Maskenbefreiung aufgrund schwerer Herzprobleme und Atemnot vorlag, wurde sie aufgefordert, eine FFP-Maske zu tragen. Auf die Worte: „Das kann ich nicht, dadurch bekomme ich keine Luft", reagierte die Angestellte am Eingang mit den Worten: „Dann rufe ich die Polizei!"

Meine Mutter erwiderte stoisch: „Dann tun Sie, was Sie nicht lassen können". Im Zimmer meines Vaters angekommen, brachte sie ihn zur Toilette, da dies alleine für ihn nicht mehr möglich war. Während meine Eltern sich noch im Bad befanden, klopfte es an der Zimmertür und drei Polizisten, ein Mann und zwei Frauen, betraten das Zimmer. Zwei davon begaben sich ins Bad und holten dort meine damals 81-jährige Mutter gewaltsam heraus, während mein Vater noch auf der Toilette saß. Mit Blutergüssen an beiden Armen – wir haben alles dokumentiert, die Bilder liegen vor – und einer blutenden Verletzung am Finger wurde sie wie eine Verbrecherin aus dem Pflegeheim abgeführt.

Wir haben Strafanzeige wegen Körperverletzung gegen die Polizisten gestellt – gleichzeitig stellte die Polizei Anzeige gegen meine Mutter wegen des „Nichttragens der FFP-2 Maske". Diese Anzeige wurde eingestellt, da ja ein Attest vorlag. Die Anzeige gegen die Polizisten haben wir nicht weiter verfolgt, da uns klar gesagt wurde: „Was glauben Sie, wem vor Gericht geglaubt wird? Einer über 80-Jährigen oder drei jungen Polizisten?“

Mit dieser Geschichte hat sich mein Respekt gegenüber „unserer Polizei“ komplett in Luft aufgelöst. Dies wurde dann am 01.08.2021 bei der Demo in Berlin nochmals bestätigt, als die Söldner dort zur Hochform aufliefen. Diesen Personen wünsche ich, dass sie sich selbst irgendwann begegnen und ich bin sicher, dass sie sich eines Tages für ihr Verhalten verantworten müssen.

Die Odyssee meiner Mutter

Katharina, 62, Softwareentwicklerin

Meine Mutter wurde vor fünf Jahren durch einen Schlaganfall aus ihrem selbstbestimmten, weitgehend gesunden Leben gerissen. Seitdem ist sie ein Pflegefall – sie ist halbseitig gelähmt und hat ihre Sprache komplett verloren. Auch leidet sie seitdem unter fortschreitender Demenz und allerlei Folgeerkrankungen. Nach einem Jahr häuslicher Pflege bei mir zog sie in ein Pflegeheim um. Ich besuchte sie dort nahezu täglich nach der Arbeit. Sie saß immer schon am Fenster, wenn ich von der U-Bahn kam und rollte mir mit ihrem Rollstuhl auf dem Flur entgegen. Ich räumte ihren Schrank auf, goss die Blumen, brachte neue Blumen mit, zeigte ihr Fotos, spielte Mensch-ärgere-dich-nicht mit ihr, überprüfte den Vorrat an Toilettenartikeln oder hielt ihr einfach nur die Hand, wenn sie schlief. Auch die Enkeltöchter schauten immer mal wieder spontan vorbei. Es war in ihrer schrecklichen Situation doch noch ein kleines bisschen Glück und Lebensfreude, das man ihr geben konnte.

Als Anfang 2020 die Berichte über Corona immer dramatischer wurden, machte ich mir natürlich auch um Mutter Sorgen, desinfizierte mir immer vorher brav die Hände und habe sie dann nicht einmal mehr umarmt, aus Sorge vor Ansteckung. Ich habe das damals alles noch ernst genommen und alles geglaubt. Riesig war der Schock, als ich am 13.03.2020 plötzlich vor dem verschlossenen Eingang stand und nicht mehr eingelassen wurde. Ohne Vorwarnung, ohne mich von Mutter verabschieden zu können, durfte ich plötzlich nicht mehr zu ihr.

Ich heulte Rotz und Wasser, weil es mir so leid tat, sie nicht einmal mehr zum Abschied umarmt zu haben. Meine Angst, dass sie das nicht verstehen und verkraften würde, wuchs täglich. Am Folgetag gab ich an der Pforte für Mutter einen Brief mit aufmunternden Worten, Pralinen und einem Foto von ihren Enkelinnen und mir ab, mit der Bitte, ihr das vorzulesen. Ein lieber Pfleger hat mich dann nachmittags angerufen und mir erzählt, dass er alles vorgelesen und erklärt hat. Er berichtete auch ehrlich, dass meine Mutter daraufhin bitterlich geweint hat.

Ich versorgte sie von nun an regelmäßig mit kleinen Geschenken, Fotos und Postkarten – immer im Zweifel, ob ich sie jemals wiedersehen werde. Ab und zu hat eine Pflegekraft meiner Mutter das Telefon gegeben, damit ich zu ihr sprechen konnte. Eine Unterhaltung war wegen ihrer Aphasie unmöglich. Meine Stimme hat sie aber immer beruhigt. Ansonsten wusste ich überhaupt nicht, wie es ihr ging.

Am 04.04.2020 bekam ich einen Anruf vom Heim, dass Mutter einen gebrochenen Arm und starke Schmerzen hat und deshalb ins Krankenhaus gebracht wurde. Keiner konnte sagen, wie das hatte passieren können. Ich durfte weiterhin nicht zu ihr, sie musste das ganz allein durchstehen. Der Arm wurde nicht operiert, nur geschient und Mutter wurde alle zwei Wochen zur Nachuntersuchung gefahren. Damals waren die Regeln so, dass nach jedem Arztbesuch außerhalb des Heims zwei Wochen Zimmerquarantäne Vorschrift waren.
Das hieß: Essen nur auf dem Zimmer, kein Kontakt zu anderen Heimbewohnern, und nur vollmaskierte Pfleger betraten ab und zu den Raum. Wie verloren muss sich meine Mutter mit all den Schmerzen und der Einsamkeit gefühlt haben! Niemand konnte sie trösten.

Am 21.04.2020 durfte sie dann endlich die Zimmerquarantäne wieder kurz verlassen – bis zur nächsten Nachuntersuchung für den Arm. Dann wurde sie wieder isoliert.
Anfang Mai waren dann endlich nach zwei Monaten Totalisolation wieder Besuche erlaubt: Eine Person pro Woche für jeweils 30 Minuten nach Terminvergabe. Mit Abstand, Maske und unter Aufsicht. Ich vereinbarte gleich den ersten Termin für den 09.05.2020. Unser erstes Wiedersehen nach fast zwei Monaten Trennung! Aus dem Termin wurde dann doch nichts. Man sagte ihn noch am selben Tag vormittags ab, da Mutter am Vortag noch mal bei der Nachuntersuchung wegen ihres gebrochenen Arms war und somit wieder in Zimmerquarantäne musste. Welche Enttäuschung! Der neue Termin war dann der 22.05.2020.

Das Bild werde ich nie vergessen. Man setzte uns gegenüber getrennt durch einen 2-Meter-Tisch mitten in die leer geräumte Cafeteria. Nicht einmal Geschenke durfte ich ihr geben. Eine Aufsichtsperson wachte streng über das Abstandsgebot, alle Gesichter waren hinter Masken verborgen. In dieser demütigenden Situation waren wir nicht allein. Da saßen sie nach zwei Monaten Isolation all die schwerhörigen, dementen Omas und Opas und versuchten, ihre Angehörigen wiederzuerkennen. Eine Unterhaltung war wegen der Akustik im Raum und den Abständen und Masken auch für die Fitteren unter den Senioren kaum möglich. Von Privatsphäre ganz zu schweigen. Es war so unwürdig. So stellt man sich den Besuch bei einem Schwerverbrecher in einer Justizvollzugsanstalt vor. Aber da saß meine Mutter! Blass, abgemagert, verstört.

Ende Juni 2020 war es dann endlich soweit, dass ein Verlassen des Heims gestattet wurde. Vorher durfte niemand das Haus verlassen, nicht einmal für einen Spaziergang. Die Auflagen waren streng. Man musste unterschreiben, dass man mit keiner anderen Person draußen Kontakt hat und die Maske niemals absetzt. Ich ging natürlich oft mit Mutter spazieren. Kaum ums Eck herum waren die Masken weg und wir umarmten uns fest. Selbstverständlich trafen wir uns dann öfter auch mit den Enkeltöchtern. Besuche im Zimmer war immer noch nicht erlaubt und die Gefängnisatmosphäre im Besucherraum taten wir uns nicht mehr an.

Leider waren unsere Spaziergänge immer wieder verhindert, weil Mutter immer öfter aus dem Rollstuhl stürzte oder nach der Gabe von Schlafmitteln den ganzen Tag tief schlief. Die Personalnot im Heim muss gravierend gewesen sein. Die Ansprechpartner wechselten ständig oder es war zeitweise niemand erreichbar. Niemand kannte sich aus, wenn man Fragen hatte. Mutter wirkte oft sehr ungepflegt, seit langem ungeduscht, unpassend angezogen. Ich möchte gar nicht wissen, was sie alles erleiden musste. Sie konnte ja nichts erzählen. Man merkte nur, wie sehr sie litt …

Mitte November 2020 gab es einen „Corona-Ausbruch" im Heim. Alle positiv getesteten Personen durften im ersten Stock auf ihren Zimmern bleiben, die negativ Getesteten mussten in den 4. Stock umziehen. Meine Mutter war positiv, aber komplett symptomfrei. Auch die anderen auf ihrer Etage hatten maximal etwas Halskratzen und Schnupfen, wie mir ein Pfleger verriet. Nach zehn Tagen wurden alle nochmal schnell getestet. Diesmal durften die „Negativen" zurück in ihre Zimmer, die „Positiven" mussten umziehen. So auch meine Mutter, trotz völliger Symptomfreiheit. Jetzt wurde sie in einem fremden Zimmer in der vierten Etage eingesperrt. Erst am 30. November war der Test endlich wieder negativ und sie durfte zurück in ihr Zimmer. Ich erfuhr das alles immer nur über die Heimleitung.

Mit meiner Mutter konnte ich ja nie sprechen. Wie verwirrt und einsam sie sich wohlgefühlt hat. Ich möchte nicht wissen, wie viel Schlafmittel man einsetzen musste, um die alten Menschen ruhig zu halten.

Um die strengen Besuchsregeln zu umgehen, kam mir die Idee, Mutter jede Woche per Krankentransport auf eigene Kosten zu mir zu fahren. Ich habe jeden Montag frei und eine behindertengerechte Wohnung. Von nun an wurde Mutter jeden Montagvormittag samt Rollstuhl abgeholt und nachmittags wieder zurückgefahren. Wir konnten uns ohne Aufsicht umarmen, zusammen essen, mein Bruder und die Enkelkinder kamen ab und zu dazu. Man konnte ganz einfach wieder Mensch sein. Wir feierten so auch Weihnachten bei mir daheim. Der Fahrdienst brachte Mutter zuverlässig. Möglich war dies nur durch entsprechende räumliche, zeitliche und finanzielle Möglichkeiten, die wohl die Wenigsten in gleicher Situation so haben.

Kurz vor Weihnachten 2020 begannen die Impfaktionen in den Pflegeheimen. Man sollte innerhalb weniger Tage eine Einverständniserklärung unterschreiben. Ich konnte meinen Bruder überzeugen, dies nicht zu tun. Mutter war frisch genesen bzw. hat das Ganze symptomfrei weggesteckt und keiner konnte mir garantieren, dass sie Nebenwirkungen wie Schüttelfrost und Fieber überhaupt übersteht. Wir gaben unser Einverständnis nicht!

Die regelmäßigen Fahrten zu mir klappten wunderbar. So kam sie regelmäßig raus aus ihrem Hygieneknast. So oft wie möglich gingen wir zusätzlich unter der Woche spazieren und umarmten uns – ungeimpft und maskenfrei. Die Besuchsregeln im Heim wurden zwischenzeitlich angepasst. Angehörige mit Impfpass durften ungehindert und ungetestet zu ihren Angehörigen aufs Zimmer, ansonsten war ein selbst zu zahlender PCR-Test nötig. Es war quasi ein Ausschluss aller ungeimpften Besucher. Ich hatte solche Angst, dass Mutter bettlägerig wird und nicht mehr im Rollstuhl hinausgeschoben werden kann. Dann hätte ich sie wieder nicht sehen können. Ein Besucher mit Impfpass fragte mich, als ich am Eingang wieder mal auf Mutter wartete, warum ich nicht hereinkommen würde. Als ich ihm sagte, dass ich das ohne Impfung nicht darf, sprang er entsetzt und angewidert drei Meter zurück ... was für ein Irrsinn!

Im damaligen Rundbrief des Heimes wurde das Festhalten an Hygienemaßnahmen damit begründet, dass es immer noch Ungeimpfte gäbe, die man dadurch schützen müsse. Da wurde schon ziemlich klar kommuniziert, wer „schuld“ an den Umständen war.
Ich wusste immer noch nicht, wie ihr Zimmer und ihr Kleiderschrank inzwischen aussehen. Früher waren der Tisch immer voller Blumen und der Schrank sauber aufgeräumt.
Mutter wurde immer schwächer, wurde von Pflegestufe 3 in 4 gestuft. Immer wieder kam ein Anruf, wenn sie wieder aus dem Rollstuhl gefallen war. Wenigstens gab es jetzt nach einer kurzen Untersuchung im Krankenhaus keinen

2-wöchigen Zimmerarrest mehr. Weihnachten 2021 konnte Mutter dank des Fahrdienstes wieder bei mir daheim im Kreise ihrer Lieben feiern.

Im Januar 2022 gab es dauernd Probleme mit der Abholung. Einmal war keine Pflegekraft da, die Bescheid wusste und Mutter reisefertig machen konnte, sodass der Fahrer ohne Mutter wieder abziehen musste. Dann fing das Quarantäne-Drama wieder an. Wegen einer einzigen symptomlos positiv getesteten Bewohnerin auf der Etage bekamen wieder alle anderen Zimmerarrest und Mutter durfte nicht abgeholt werden. Im Februar war dann endlich keine Quarantäne mehr, aber bei der Abholung wurde der dreifach geimpfte und täglich in der Firma getestete Fahrer ohne Mutter wieder weggeschickt, weil er sich nicht noch mal im Heim erneut testen lassen wollte. Die Willkür wurde wieder voll ausgelebt. Spazierengehen war auch nicht immer möglich, wenn sie Mutter wieder mit Schlafmittel komplett ausgeknockt hatten und sie nicht wach bekamen.
Im Juli 2022 war in Bayern die Isolationspflicht für Kontaktpersonen endlich aufgehoben. Trotzdem wollten sie wieder Mutter wegen einer einzigen positiv getesteten Bewohnerin einsperren. Ich wurde sehr wütend und drohte mit dem Anwalt.
Das half. Mutter durfte montags wieder zu mir fahren.

Im August 2022 wurde die vierte Impfaktion angekündigt. Wer noch nicht vorher gestorben war, sollte die vierte Spritze bekommen. Man legte mir einen bereits vorausgefüllten Einwilligungsbogen vor, bei dem ich die Einwilligung dick durchstreichen musste und mein Veto explizit noch mal vermerkte. Mutter wurde auch zum vierten Mal nicht geimpft. Sie hat ganz andere Probleme als Corona. Mit der vorausgefüllten Einwilligung überrumpelt man wohl leicht den ein oder anderen Senior oder Angehörigen.

Im September 2022 war Mutters 90. Geburtstag. Fünf Jahre ist der Schlaganfall jetzt her. Seitdem hatte sie über die Hälfte der Zeit neben der eigenen Pflegebedürftigkeit auch noch diese unmenschlichen Maßnahmen ertragen müssen. Die meisten ihrer Mitbewohner von damals leben nicht mehr. Vie-

le sind einsam gestorben. Den Geburtstag konnte sie wieder bei mir daheim feiern. Aber sie bekommt immer weniger mit, wird zunehmend schwächer. Inzwischen hat sie Pflegestufe 5.
Zum Glück ist sie noch transportfähig und ich schaffe es noch allein, sie daheim bei mir auf die Toilette zu bringen. Besuchen darf ich sie nur mit aktuellem Schnelltest einer Teststation, immerhin ist keine Impfung mehr erforderlich. Aber das tue ich mir nicht mehr oft an. Es ist so unlogisch. Draußen kann ich sie umarmen, mit ihr essen, sie auf die Toilette bringen, alles ohne Maske. Im Heim herrscht weiter der Hygieneterror, der tägliche spontane Kurzbesuche unzumutbar macht. Und es ist kein Ende in Sicht. Man verfügt über die alten Menschen und niemanden interessiert es, ob sie das überhaupt wollen und wie sehr sie darunter leiden. So will niemand seine letzten Tage verbringen!

Die Heimbewohner wurden eingesperrt

Nina, 22, Altenpflegerin

Ich bin Altenpflegerin. 2019 habe ich meine erste Stelle in der Altenpflege, auf einer Station mit demenzkranken Menschen, bekommen. Ich habe sozusagen ein halbes Jahr ohne und ein halbes Jahr seit „Corona" dort gearbeitet. Schon vor Corona waren die Zustände in den Altenheimen nicht die besten, aber mit Corona haben sich die Zustände nochmal rapide verschlechtert. Am Anfang hieß es, dass wir die Masken freiwillig tragen können, somit waren mein Freund und ich die einzigen, die sie nicht trugen. Im April 2020 wurde es dann zur Pflicht, genauso kam die Testpflicht immer mehr ins Gespräch. Da ich von Anfang an nicht geglaubt habe, was uns da erzählt wurde, war ich dagegen.

Ich bin nicht auf die Maskenpflicht eingegangen, unter anderem, weil ich es nicht mit mir vereinbaren konnte, den Menschen mit einer Maske gegenüberzutreten. Ebenso skeptisch war ich, was das Testen von im Blut vorhandenen Antikörpern gegen das Virus anging. Damit stand ich alleine da. Das

Schlimmste betraf im Endeffekt aber nicht mich, sondern die Bewohner. Es begann damit, dass gerade mal fünf Minuten vor dem Mittagessen die Chefin auf die Station kam und uns mitteilte, dass alle Bewohner jetzt ab sofort auf ihren Zimmern bleiben sollen. Nicht wirklich einfach, den Menschen in fünf Minuten zu erklären, dass sie jetzt sozusagen in ihren Zimmern eingesperrt bleiben. „Warum?", haben sie gefragt. „Na wegen Corona ...", aber wie soll man das erklären, wenn man selbst nicht daran glaubt? Die meisten haben es auch schnell vergessen durch ihre Demenz, die wurden dann ziemlich scharf angegangen, wenn sie auf den Gängen herumliefen oder zum Essen in die Küche wollten – und dann schnell zurück auf ihre Zimmer gebracht wurden.

Natürlich war es schwer für sie zu verstehen, warum sie jetzt plötzlich auf ihren Zimmern essen müssen und nicht mehr raus dürfen. Für die Küchenkraft und für uns Mitarbeiter war eine schnelle Umstellung nötig, damit die Menschen überhaupt ihr Mittagessen bekamen. Menschen, die nicht in einem Doppelzimmer gewohnt hatten, wurden schnell einsam, denn es war den Angehörigen untersagt, ihre Eltern oder ihre Freunde bei uns zu besuchen. Die alten Menschen blieben alleine. Und sie sahen nur noch maskierte Leute um sich herum. Unsere Aufgabe war es, unten am Eingang die Angehörigen abzufangen und nach Hause zu schicken und ihnen zu sagen, dass sie ja miteinander telefonieren oder über Balkon und Fenster miteinander reden können. Geschenke zu Geburtstagen oder damals Ostergeschenke mussten unten an der Eingangstür abgegeben werden – danach sollten wir die Angehörigen wieder nach Hause schicken. Die Bewohner, die im Sterben lagen, durften nicht besucht werden, so hatte die Chefin entschieden.

Wir begannen, Angehörige heimlich hereinzulassen, damit sie sich von ihren Eltern verabschieden konnten, so wie wir es für richtig hielten. Wenn Bewohner trotz Warnung ihre Zimmer verließen, wurde uns aufgetragen, sie einzuschließen, was ich niemals tat. Sie wurden genötigt, sich testen zu lassen, und wenn einer mal abgehauen ist, wurde er eingesperrt. Das Zimmer durfte nur mit voller Schutzmontur (Haarnetz, Mundschutz, Kittel, Handschuhe, Schuhschutz und vorherigem Desinfizieren) betreten werden, selbst wenn nur das Essen gebracht wurde. Sie wurden komplett isoliert. Ein Bewohner wurde zweimal negativ getestet und nur aufgrund eines dritten, positiven Tests in einem sogenannten ZPV Zimmer festgehalten. Die Eingangstüren auf der Station wurden teilweise abgeschlossen, zugehalten und per Alarm gesichert, damit ja keiner raus kann. Die Leute fingen an, sich zu fragen, was sie denn verbrochen hatten, warum sie jetzt in ihrem Zimmer bleiben müssen. Teilweise hätte man denken können, man sei im Gefängnis. Und das ist alles nur ein kleiner Teil dessen, was erst vor einem halben Jahr dort mit den Menschen passiert ist.

Was mich angeht, ich habe die Maske nicht getragen, zumindest nicht bei den Bewohnern und wurde oft dafür verpfiffen, habe Abmahnungen bekommen, Gespräche mit den Chefs. Zum Schluss wurde die Maske so wichtig für die Chefs, dass es mehr zählte, dass ich Maske trage, als eine Bewohnerin von der Mauer zu holen, weil sie sonst heruntergefallen wäre – was dann zu meiner Kündigung führte. Seitdem bin ich arbeitslos und auf der Suche nach einem Altenheim, was diese Maßnahmen nicht hat. Ein Altenheim ohne Impfung, Testung und bestenfalls ohne Maske.

Behandlung verweigert – Ärzte in der Coronazeit

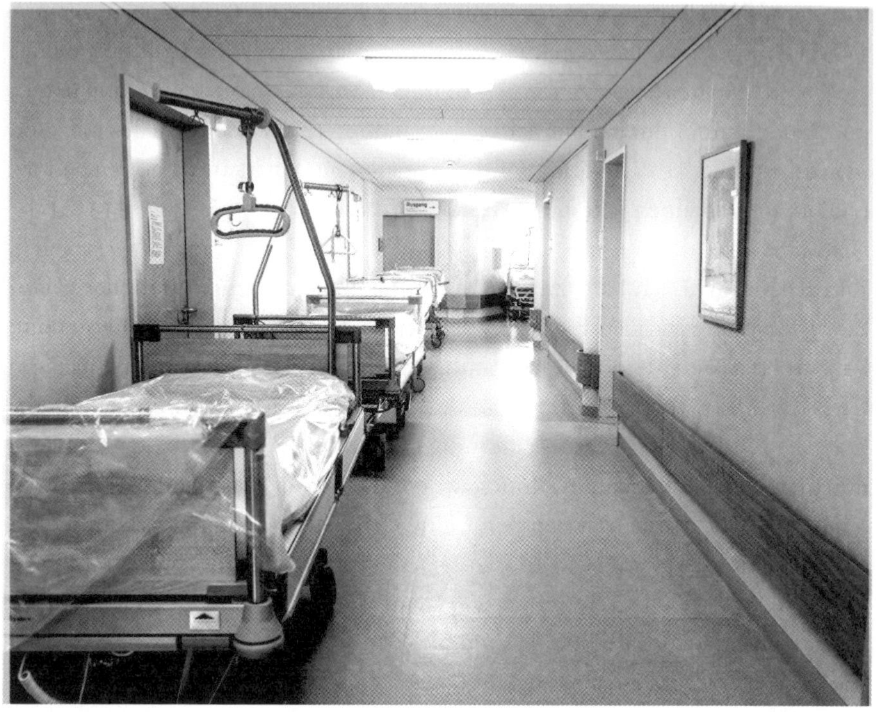

In einer Zeit, in der sich alles um ein Virus drehte, standen Ungeimpfte oft vor verschlossener Praxis. Es lag im Ermessen der Ärzte, die 3G-Regel anzuwenden. Erkrankte jemand, der weder geimpft noch genesen war, und bemühte sich um einen Termin, musste er trotz Beschwerden noch vorher in ein Testzentrum. War keins in der Nähe, hatte er die Wahl – krank zu Hause zu bleiben oder einen längeren Weg in Kauf zu nehmen, um dann noch kränker in der Praxis anzukommen.

Krankenhäuser, die selbst Schlaganfallpatienten die Behandlung verweigerten, weil dort Betten für mögliche Coronafälle freigehalten wurden, waren keine Seltenheit. Hintergrund waren die Regelungen des Bundesgesundheitsministeriums unter der Leitung von Jens Spahn. Dazu gehörte auch, eine bestimmte

Anzahl Krankenhausbetten freizuhalten – für mögliche Coronapatienten. In Baden-Württemberg waren es ganze 40 %.

Betroffene bieten Einblicke in erschreckende Zustände. So ließen Ärzte ihre Patienten trotz Maskenbefreiungsattest draußen in der Kälte warten, weil die Wartezimmer den Geimpften vorbehalten waren. Menschen, die unter psychischen Problemen litten und deshalb keine Maske tragen konnten, mussten monatelang auf die nötige Behandlung verzichten. In Reha-Kliniken galt den ganzen Tag die Maskenpflicht – selbst beim Sport. An Gesundung und Erholung war dabei nicht zu denken – viele sagten ihre Therapie, die nach vielen Mühen endlich von der Krankenkasse genehmigt worden war, deswegen ab.

Ärzte, die einen Eid geschworen hatten, ihr Leben in den Dienst der Menschlichkeit zu stellen, stellten es nun in den Dienst der Regierung.

Statt, wie ebenfalls eidlich versichert, die Autonomie ihrer Patienten zu respektieren, drängten übereifrige „Impfärzte" Patienten zur Impfung, ohne ausreichend oder überhaupt über die Risiken aufzuklären. Der einst gelobte „Respekt vor der Würde des Menschen" war vergessen. Das Gelöbnis, alle Patienten gleich zu behandeln zeigte sich in getrennten Sprechstunden für Geimpfte und Ungeimpfte und der rigorosen Ablehnung, „Impfverweigerer" zu behandeln.

Mediziner, die einst geschworen hatten, „Erwägungen zu Krankheiten der Patienten" sollen keinen Einfluss auf die Erfüllung der ärztlichen Pflichten haben, brachen nicht nur ihren Eid. Sie zerstörten auch das Vertrauen, das die Grundlage für jede ärztliche Behandlung sein sollte.

Doch es gab auch Ärzte, die das Wohl ihrer Patienten vor den Willen der Regierung stellten, mutige Arzthelferinnen und Krankenschwestern, die Risiken zum Wohle anderer eingingen, indem sie die Regeln brachen, um Kranken die nötige Hilfe zu leisten. Auch davon zeugen Berichte.

Die Vorstellung, die viele vom Beruf des Arztes hatten, nämlich, dass er seiner Berufung nachgeht, hat sich nach erlebter Ausgrenzung gründlich gewandelt. Das Vertrauen, im Krankheitsfall bedingungslos ärztliche Hilfe zu bekommen, ist bei vielen Menschen für immer zerstört.

Abschied von meinen Eltern

Dirk, 51, Lkw-Fahrer

Mein Vater kam am 26.12.2020 ins Krankenhaus, er war damals 89. Niemand durfte ihn besuchen!
Nur über sein Handy konnten wir mit ihm sprechen. Es ging ihm nicht gut, das Sprechen fiel ihm schwer, da er sehr schlecht Luft bekam. Als sein Prepaid-Guthaben aufgebraucht war, wurde der Gutschein für die Aufladung von einer Krankenschwester am Eingang abgeholt.
Einige Tage später, am 06.01.2021, verstarb er.
Nun, da er tot war, durften meine Mutter, meine Schwester und ich mit Maske und ohne Test auf die Station, auf der er gelegen hatte! Sein Leichnam war in einem Zimmer aufgebahrt, wo sonst niemand lag. Es war insbesondere für meine Mutter sehr schwer, dass sie sich nicht von ihm verabschieden konnte. Als dann ein Arzt kam, forderte ich ihn auf, mir bitte zu erklären, warum wir zwei Wochen lang nicht zu ihm gelassen worden sind und jetzt, wo er tot war, hier sein durften.

Er schaute mich nur kurz an und wandte sich dann wieder meiner Mutter zu, ohne mir eine Antwort zu geben. Nach einer Minute stellte ich ihm erneut dieselbe Frage und erhielt wieder keine Antwort!
Bei den Dingen, die er mit ins Krankenhaus genommen hatte, fehlte sein Handy. Meiner Schwester wurde gestattet, in dem Zimmer nachzuschauen, wo er zuvor gelegen hatte.

Hier lag zu der Zeit noch ein Patient! Diese unsinnigen, unmenschlichen und völlig unsinnigen Maßnahmen machen mich bis heute einfach nur wütend und fassungslos ...
Ich kümmerte mich nach seinem Tod dann noch intensiver als zuvor um meine Mutter, der es natürlich schwerfiel, plötzlich allein zu sein. Meine Eltern waren 63 Jahre lang verheiratet.
Ich war jeden Tag bei ihr und spielte Rommé mit ihr.

Schon zu Lebzeiten meines Vaters redete ich meinen Eltern immer wieder ins Gewissen, nichts zu glauben, was ihnen im Fernsehen suggeriert wurde. Ich riet ihnen auch regelmäßig von der sogenannten Impfung ab. Doch die Propaganda hatte ihr Werk bereits getan.
Meine Mutter hatte Angst, von ihrem Freundeskreis ausgeschlossen zu werden. Sie akzeptierte zwar meine entschiedene und konsequente Haltung, mich nicht spritzen zu lassen, gab aber auch genauso oft zu bedenken, dass ich ja dann nicht mehr am Leben teilhaben könne. Jedes Mal entgegnete ich ihr, dass es dann eben so sein würde. Alles war besser, als sich diese Giftspritze, die sie schon damals für mich war, setzen zu lassen.

Meine Überzeugungsarbeit hätte vielleicht dazu geführt, dass sie sich nicht hätte „impfen" lassen, doch gegen die permanente Angstmacherei in den Medien hatte ich keine Chance.
Zumal alle anderen in meiner Verwandtschaft im Laufe des Jahres 2021 bereitwillig zu ihrem Impftermin rannten. Meine Schwester brachte dann meine Mutter heimlich zum ersten Impftermin. Als ich davon erfuhr, war es bereits zu spät und so sagte ich ihr nur, dass es ihre Entscheidung sei und ich sie gewarnt hätte. Einmal weinte sie bitterlich, da sie Angst hatte, ich könnte mich von ihr abwenden, was natürlich Unsinn war. Meine Schwester karrte sie dann auch noch zur zweiten und dritten Impfung!
Seit meines Vaters Tod war ich nun nahezu täglich bei ihr und ich bemerkte, wie sie mit jeder weiteren Spritze, die sie nach eigener Aussage ja gut vertragen hatte, immer mehr abbaute.

Insbesondere war zu beobachten, dass es geistig mit ihr bergab ging. Wortfindungsstörungen, Verwirrtheit, Mobilitätsprobleme und ein Zittern der Hände waren Dinge, die mir besonders auffielen. Es wurde immer schlimmer.
Ich fühlte mich hilflos, sie tat mir leid, auch wenn ich ihr immer wieder ins Gewissen geredet hatte. Bis auf meine Mutter schloss uns die komplette Verwandtschaft von Geburtstagen und sonstigen Feierlichkeiten aus. Wir, meine Frau und ich, waren ja nur die ungeimpften Schwurbler, von denen man sich besser fernhalten sollte. Sie folgten einfach blind und ohne Hinterfragen den Anordnungen, die ihnen tagtäglich entgegen dröhnten.
Dann kam der Tag, an dem meine Mutter gar nicht mehr laufen konnte und kaum noch Luft bekam. Mitte 2022 kam sie ins Krankenhaus und schnell war klar, dass sie es nicht mehr verlassen würde. Zu dieser Zeit war es dann gnädigerweise erlaubt, dass eine Person pro Tag ab 15 Uhr mit Test und Maske zum Besuch erscheinen durfte – nach vorheriger telefonischer Terminabsprache ...
Obwohl klar war, dass sie sterben würde, führte man noch einige Untersuchungen durch.
Einmal hatte ich für 16 Uhr einen Termin und man teilte mir mit, dass meine Mutter jeden Moment wieder da sein müsste.

Ich wartete ca. 90 Minuten und auf meine Nachfrage meinte man nur lapidar, dass nicht genug Personal vorhanden sei, um sie von der Untersuchung wieder abzuholen. Meinen Vorschlag, ich könne sie doch abholen, schmetterte man ab; Besuchern sei dies nicht gestattet. Ich war schon sehr angefressen, als man sie endlich wieder auf ihr Zimmer schob. Als ich dann sah, dass man ihr eine Maske aufgesetzt hatte und man auch auf dem Zimmer keine Anstalten machte, sie ihr abzunehmen, während die eine Schwester der anderen das Beatmungsgerät erklärte, da platzte ich.

Ich fragte, warum man ihr diesen Lappen ins Gesicht gehängt habe, da man schließlich wusste, dass meine Mutter sehr schlecht Luft bekam. Die Antwort: Das sei nun mal Vorschrift und auch alle anderen Patienten auf der pneumologischen Abteilung (!) mussten Maske tragen. Ich verwies darauf, dass es sich bei FFP2-Masken um Staubschutzmasken handele und diese gar nicht für medizinische Zwecke ausgelegt seien. Ich erhielt zur Antwort, sie seien zertifiziert.

Das brachte mich dann erst richtig in Rage und ich sagte ihnen, dass all die Maßnahmen, die sie hier mit unterstützen, ein Verbrechen an der Menschheit seien und dass sie vielleicht ihren Job verfehlt hätten. Das brachte wiederum eine der Schwestern auf die Palme. Ich konnte in dem Moment nicht anders und es tat mir eigentlich nur um meine Mutter leid, die alles mit anhören musste. Schließlich wollte ich nur verhindern, dass sie zu leiden hatte.
Nachdem die Schwestern das Zimmer verlassen hatten, konnte ich meine Mutter etwas beruhigen. Sie kannte ja meine Einstellung zu dem ganzen Irrsinn. Eine Minute später erschien ein junger Pfleger und fragte mich, was denn eigentlich mein Problem sei.

„Was mein Problem ist?“ Ich verwies darauf, dass meine Mutter im kalten Flur und dehydriert stehen gelassen wurde und das nicht zum ersten Mal. Wieder die gleichgültige Antwort, es sei nicht genug Personal vorhanden und dass er nichts dran ändern könne. „Doch, können Sie!“ erwiderte ich.
„Sie könnten als Team einfach mal gegenüber der Geschäftsleitung den Mund aufmachen! Und sagen, dass Patienten unter diesen unhaltbaren Zuständen zu leiden haben und dass auch sie als Personal wesentlich stressfreier arbeiten könnten.“ Ein Wort wechselte das andere, er war absolut uneinsichtig und arrogant und meine Stimme wurde abermals lauter. Dann meinte er, dass ich mich ja nun durch die Wartezeit bedingt bereits weit über eine Stunde im Krankenhaus aufhalten würde – und jetzt zu gehen habe!
Ich weigerte mich zuerst und fragte ihn, ob er mich eigenhändig rauswerfen wolle? Dabei machte ich provokant einen Schritt auf ihn zu. Er würde jetzt die Polizei rufen, wenn ich nicht umgehend das Krankenhaus verlassen würde.
„Machen Sie doch!“, erwiderte ich wütend.
Er wandte sich ab und verschwand. Mir war klar, dass er es ernst meinte, und um die Situation nicht vollends eskalieren zu lassen, wandte ich mich meiner Mutter zu und sagte ihr schweren Herzens, dass ich jetzt leider wegen dieses unmenschlich agierenden Angestellten gehen müsse.

Ich blieb noch fünf Minuten bei ihr. Der Pfleger kehrte zurück und pflaumte mich an, er hätte mich doch angewiesen, das Krankenhaus zu verlassen. Meine Mutter war traurig, dass sie nun wieder allein sein würde. Das tat mir einerseits sehr leid, aber ich bereute mein Verhalten absolut nicht. Ich fand es seit Beginn dieser P(l)andemie erschreckend, wie wenig Menschen den Mut hatten, den Mund aufzumachen.

Als ich mich schließlich schweren Herzens verabschiedet und das Zimmer verlassenhatte, vernahm ich ein leises „Er geht!" aus dem Schwesternzimmer.

Am nächsten Tag war ich wieder da und entschuldigte mich bei der Schwester, mit der ich mich angelegt hatte. Sie nahm es sehr positiv auf und freute sich regelrecht, dass ich die Größe dazu hatte. Dass ich dies nur tat, damit meine Mutter nicht nachteilig behandelt wird, behielt ich natürlich für mich. Ansonsten wäre es mir vollständig egal gewesen; ich hätte mich ganz sicher nicht für meine klaren Worte entschuldigt.

Das alles werde ich nie vergessen oder verzeihen können. Die Verantwortlichen müssen dafür zur Rechenschaft gezogen werden! Ich bin davon überzeugt, dass meine Mutter heute noch leben würde, wäre sie nicht in diese Giftspritzen getrieben worden. Sie wurde 88 Jahre alt.

Die Betten wurden freigehalten

Mirco, 56, Berater

Vorweg sei gesagt, meine Frau hat erblich bedingt die Veranlagung zu einer gewissen Form von Hautkrebs. Nach dem ersten Lockdown 2020, an dem weder meine Frau noch ich uns auch nur in irgendeiner Art und Weise beteiligt hatten, folgte ein Sommer, in dem viele die Fake-Pandemie einmal für eine gewisse Zeit zu vergessen schienen. Da wir direkt am Meer leben, verbrachten wir so viel Zeit wie nur möglich an unseren heimischen Stränden. Nach dem Sommer bildete sich an der Stirn meiner Frau dann ein kleiner weißer Hautfleck, der sich immer weiter vergrößerte. Zum nächsten großen Herbst-Lockdown war uns beiden klar, dass meine Frau damit wohl zum Arzt gehen musste.

Sie ließ sich sofort einen Termin beim ortsansässigen Hautarzt geben. Obwohl sie ein – ich betone es hier ausdrücklich – echtes Maskenbefreiungs-Attest vorweisen kann, wurde sie von jenem Arzt und dessen Personal dazu genötigt, eine entsprechende Maske zu tragen. Nun würde man ja denken, es gibt Schlimmeres, und ja, das mag durchaus sein, aber die Story fängt erst an ...
Denn anstatt den sich bei meiner Frau entwickelnden Hautkrebs zu diagnostizieren und anschließend entsprechend zu behandeln, z. B. mit einer kleinen Operation – zu jenem Zeitpunkt war die vom Krebs befallene Hautpartie noch nicht allzu groß – verschrieb der Hautarzt ihr eine Art Zugsalbe.

Obwohl ich am selben Abend meine Zweifel bei meiner Frau anmeldete, ob es denn wirklich eine gute Idee sei, solch eine Zugsalbe bei einem offensichtlichen Weißen Hautkrebs einzusetzen, trug meine Frau dann letztendlich doch jene Salbe auf die betroffene Hautpartie auf. Und was soll ich sagen, es kam natürlich, wie es kommen musste: Der Hautkrebs explodierte daraufhin geradezu. In unserer Not telefonierten wir dann sämtliche Hautärzte im Umkreis ab, inklusive der Uni-Kliniken. Diese lehnten eine Behandlung meiner Frau kategorisch ab – mit der Begründung, man hätte für „Derartiges" keine Kapazitäten frei – das muss man sich einmal vorstellen! Fündig wurden wir dann letztendlich bei einer Hautarztpraxis in etwas weiterer Entfernung.

Dort bekam meine Frau dann einen „frühestmöglichen" OP-Termin innerhalb der nächsten vier Wochen. Natürlich wuchs der Hautkrebs in dieser Zeit immer weiter. Ich fuhr meine Frau dann zu jener Hautarztpraxis und musste, wie nicht anders zu erwarten war, natürlich wieder draußen warten.
Und das, obwohl meine Frau eine tierische Angst vor der Operation hatte – sie flehte die Ärztin und das dortige Personal geradezu an, mich als Beistand mit dabei sein zu lassen.
Dies wurde mit dem Hinweis auf die geltenden Verordnungen jedoch strikt abgelehnt. Nach ca. 1,5 Stunden war die Operation, die unter sogenannter örtlicher Betäubung stattfand, dann vorbei und ich konnte mit meiner Frau wieder nach Hause fahren. Irgendwann am späten Abend – ich war gerade in der Werkstatt arbeiten – rief sie mich in lauter Verzweiflung zu sich, denn die Operationswunde hatte sich aufgetan und aus der offenen Wunde blutete es sprichwörtlich wie Sau. Wir riefen dann den Rettungsdienst an und schilderten ihnen den Fall. Nach einer ganzen Stunde trafen sie endlich bei uns ein.

Die jungen Herren vom Rettungsdienst weigerten sich dann aber, meine Frau ins nächstgelegene Krankenhaus zu fahren, und zwar mit dem Hinweis, dass es in der Zeit, wo man meine Frau ins nächstgelegene Notfall-Krankenhaus fahren würde, ja eventuell andere Notfälle geben könnte.
Mir fehlten die Worte, ich war fassungslos. Nun muss man hierzu allerdings wissen, dass zu jener Zeit während des großen Herbst-Lockdowns in den Krankenhäusern so gut wie nichts los war. Wir erinnern uns noch alle an die vielen „lustigen" Videos aus den Krankenhäusern zu jener Zeit, als sich das Krankenhauspersonal geradezu die Beine in den Bauch stand oder sogar Tänze aufführte, da dort schlicht nichts los war. So hatte ich meine extrem stark blutende Frau dann also erst einmal selbst notdürftig verbunden, denn auch das lehnten die herbeigerufenen Rettungskräfte ab ... Ich lud meine verletzte Frau – es war mittlerweile schon kurz vor Mitternacht – kurzerhand selbst ins Auto und bin, das gebe ich unumwunden zu, mit einem Affenzahn mitten durch die Nacht

zum Krankenhaus gefahren – die Tachonadel lag hierbei fast ständig, auch innerorts, bis auf Anschlag.

Im Krankenhaus angekommen, mussten wir dem dortigen Personal erst einmal erklären, dass ich meine Frau nicht etwa verprügelt hätte ... und ich erzähle hier wirklich keinen Mist. Alles das hat sich genau so zugetragen: Man glaubte dort wohl, ich sei meiner Frau gegenüber gewalttätig geworden. Wieso man dies von mir glaubte, frage ich mich heute noch.
Als wir das „Empfangspersonal" davon überzeugt hatten, dass es sich bei der extrem stark blutenden Kopfwunde tatsächlich um eine aufgeplatzte Operationswunde vom frühen Morgen desselben Tages handelte, ging es zu unserer Überraschung relativ schnell, dass meine Frau dem zuständigen Arzt vorgestellt wurde.

Ich begab mich ins Wartezimmer der Notaufnahme, wo ich auf einen anderen Patienten und dessen Ehefrau traf. Er war mit einem „leichten" Schlaganfall eingeliefert worden.

Anstatt aber den Patienten medizinisch zu versorgen, ließ man ihn seiner eigenen Aussage nach schon geschlagene fünf Stunden im Wartezimmer sitzen. Seine Frau hielt ihm während der ganzen Zeit die Hand und konnte ihre Tränen dabei kaum unterdrücken. Ich versuchte, die beiden zu beruhigen; wir kamen ins Gespräch und tauschten unsere Telefonnummern aus.
Die Aussage des Patienten, dass er schon seit Stunden ohne jede Behandlung im Wartezimmer sitzen würde, wurde kurze Zeit später vom Arzt persönlich bestätigt: In meinem Beisein erklärte er dem Mann, dass man ihn nun in eine andere Stadt verlegen müsse, da hier die Betten für eventuelle „Corona"-Patienten freigehalten werden. Als das Arzt-Patientengespräch vorüber war – ich saß nur wenige Meter entfernt, und konnte gar nicht anders als ungewollt zu lauschen – fragte ich den Arzt, wie viele Betten denn jetzt überhaupt durch sogenannte „Corona"-Patienten belegt seien? Kurz angebunden antwortete er: „Derzeit keine!" So viel zu diesem Thema ...
Wohlgemerkt, der Patient hatte zuvor einen Schlaganfall erlitten!

Kurze Zeit später tauchte meine Frau wieder aus dem Behandlungsraum auf, zwar mit neu verbundener OP-Wunde, aber wie mir sowohl der Arzt als auch meine Frau erklärten, ohne dass die Wunde richtig behandelt worden war. Die Ausrede war, dass man das entsprechende Material zur Wundabdeckung derzeit nicht vor Ort hätte und wir doch bitte am nächsten Tag noch einmal zu der Hautarztpraxis fahren sollten, wo man zuvor schon die Operation vorgenommen hatte.
Wir befanden uns zu diesem Zeitpunkt in einer Uni-Klinik, von der man eigentlich annehmen sollte, dass sie für derartige Notfälle ausgestattet sein müsste. So gegen zwei Uhr nachts sind wir zu Hause angekommen, nur um dann wenige Stunden später wieder zur Arztpraxis zu fahren. Dort stellte sich heraus, dass bei meiner Frau während der Operation am Vortag wohl eine an dieser Stelle verlaufende Hauptschlagader aufgeplatzt, bzw. durch die OP verletzt worden war. Die infolgedessen dringend nötige Notoperation dauerte mehrere Stunden. Ich sage es klar und deutlich; wäre meiner Frau noch Schlimmeres passiert, ich weiß ehrlich gesagt nicht, was ich daraufhin getan hätte.

Ach ja, noch ein Wort zu dem Schlaganfallpatienten, den ich dort im Wartezimmer des Krankenhauses traf: Dieser ist noch in derselben Nacht an seinem Schlaganfall verstorben, wie mir seine Frau später am Telefon erzählte. Ich bin mir ziemlich sicher, all das wird mit an Sicherheit grenzender Wahrscheinlichkeit kein Einzelfall gewesen sein. Heute noch habe ich das Gesicht des Mannes und seiner Frau genau vor Augen, wenn ich darüber rede. Und ich bin sonst so vom Typ her ein „ganz, ganz harter Hund".

Und genau wegen solcher Dinge, die passiert sind, kann ich den dafür verantwortlichen Personen auch nicht vergeben oder gar das Ganze einfach so vergessen. Sorry, aber ich kann es einfach nicht. Und das war ja auch nur eine von etlichen Stories. So ist z. B. eine Frau mittleren Alters direkt neben mir, zwei Tage nach der dritten Spritze, einfach so tot umgekippt. Und ich konnte nichts, aber auch wirklich gar nichts mehr für sie tun. Wie fühlt man sich dabei? Ich gebe es unumwunden zu, ich empfinde Hass für die Verantwortlichen, schier unbändigen Hass.

Das traurige Ende meines Vaters

Kathrin, 55, Musikerin

Die traurige Geschichte meines Vaters beginnt im September 2020. Er war schwer an Parkinson und an Demenz erkrankt. Da meine Mutter verständlicherweise mit der Pflege ihres Mannes allein überfordert war, entschloss sie sich schweren Herzens dazu, ihn in ein Pflegeheim einzuweisen. Sie dachte, sie tut damit das Beste für ihn. Was dann aber geschah, schockiert mich bis heute. Mit diesem Schritt – dazu noch zu Coronazeiten – begann für meinen Vater die Hölle auf Erden. Nur kurze Zeit nach der Heimeinweisung verschlechterte sich sein gesundheitlicher Zustand.
Er musste für viele Wochen in ein Krankenhaus. Nur eine kurze Zeit lang durften wir ihn dort noch besuchen, bis von staatlicher Seite von heute auf morgen ein striktes Besuchsverbot erlassen wurde.

Ein an Parkinson und Demenz erkrankter Mensch kann das natürlich überhaupt nicht verstehen, was da passierte. Die plötzliche, strikte Isolation hatte wiederum katastrophale Folgen, denn beide Krankheiten schritten in rasantem Tempo voran.
Eine Kommunikation über Telefon war nicht mehr möglich. Nach dem langen Krankenhausaufenthalt von sieben Wochen kam er Anfang Dezember wieder zurück in die Pflegeeinrichtung. Dort wurde er für zehn Tage in seinem Zimmer isoliert, schuld daran war nur der Coronawahn. Auch dort herrschte inzwischen striktes Besuchsverbot und wir vermissten ihn sehr. Endlich, kurz vor Weihnachten, durfte eine Person einmal pro Woche (!) meinen Vater besuchen. Wir wechselten uns ab, damit er sich jedem aus der Familie einmal wieder nahe fühlen konnte.
Das Bild, welches sich mir dort bot, war so erschreckend, dass es mich bis heute verfolgt!

Mein Vater war völlig abgemagert, saß festgeschnallt in einem Rollstuhl und erkannte mich nicht mehr. Ich bin Musikerin; als ich meinen Vater im Dezember kurz vor Weihnachten noch einmal besuchen durfte, hatte ich vorher zusammen mit meiner Kollegin verschiedene Videos für ihn aufgenommen, aber auch über die Musik schien er mich nicht mehr zu erkennen. Das machte mich unendlich traurig. Nach Weihnachten wurde zum wiederholten Male ein Besuchsverbot erteilt, es war einfach nur furchtbar! Ende März 2021 erlitt mein Vater einen schweren Sturz, bei dem er sich einen Oberschenkelhalsbruch zuzog und wieder ins Krankenhaus eingeliefert werden musste. Er wurde operiert, und wir konnten ihn nicht trösten, er hat alles allein durchstehen müssen. Denn immer noch herrschte auch dort Besuchsverbot.

Zurück im Pflegeheim bekam er nur einen Tag nach dem Krankenhausaufenthalt eine schwere Lungenentzündung. Sogleich wurde er wieder ins Krankenhaus eingeliefert. Er verstarb dort im April 2021. Nach monatelangen Besuchsverboten sowohl im Krankenhaus als auch in der Pflegeeinrichtung nahmen wir Abschied von einem geliebten Menschen, der wohl das Schlimmste auf Erden erlebt hat. Mein Vater war schwerkrank und ist aufgrund staatlicher Verordnungen völlig vereinsamt gestorben. Zum angeblichen Schutz der alten Menschen hat dieser Staat genau die schwerkranken Menschen geopfert. Das ist weder jemals zu verzeihen, noch zu vergessen!

Für Ungeimpfte keine Arztbehandlung

Rudi, 54, Krankenpfleger

Am späten Abend des 29.11.2021 erkrankte ich mit folgenden Symptomen: starke Kopfschmerzen im rechten Oberkiefer, ausstrahlend in die Stirn rechts lokalisiert. Innerhalb von drei Tagen entwickelte sich subfebrile (37,5 bis 38 °C) Temperatur bis zu sehr hohem Fieber über 41 °C, das ab dem 3. Tag 12 Tage anhielt. Also kontaktierte ich am 30.11.21 in der Früh zuerst meinen Zahnarzt, da ich eine Kieferhöhlenentzündung vermutete. Ich sprach mit der Arzthelferin, die eigentlich immer sehr nett war. Ich schilderte meine Symptome und ergänzte, dass ich bis jetzt nur subfebrile Temperatur habe. Ab jetzt wollte die Dame meinen Impfstatus erfragen, den ich als treuer Patient selbstverständlich offenbarte. Ich bin so ziemlich gegen alles geimpft, was es gibt. Inklusive Hepatitis, weil diese in der Krankenpflege so üblich war. Nein, sie wollte unbedingt wissen, ob ich gegen SARS Cov 2 geimpft bin.

Spontan fragte ich, was sie das angeht? Darauf sagte sie nur, dass es ein Problem gäbe, sollte ich nicht gegen diesen Erreger geimpft sein. Ungeimpfte könnten die Arztpraxis nicht betreten. Ich fiel aus allen Wolken. Monatlich entrichte ich Krankenkassenbeiträge und die Arztpraxen verweigern meine Behandlung. „Was ist das für ein Irrsinn?“, sagte ich zur Arzthelferin. Ich solle doch erst meinen Hausarzt kontaktieren, um einen PCR-Test über mich ergehen zu lassen. Wenn dieser dann negativ sei, sollte ich mich wieder melden. „Unverschämtheit“, sagte ich noch und hörte auch schon das Knacken des Hörers. Ich dachte echt, ich bin hier im falschen Film. Also rief ich meine Hausärztin an und schilderte der Arzthelferin ebenfalls mein Anliegen. Das gleiche Spiel. „Was, Sie sind noch nicht gegen Covid geimpft? Das geht ja gar nicht!“ „Kein Zutritt für ungeimpfte Patienten“, so die letzten Worte der Arzthelferin. Und wieder hat man einfach den Hörer aufgelegt.
Der dritte Versuch war dann beim HNO-Arzt meines Vertrauens, der mir bereits im April 2020 wegen meiner Anstellung in einer Arztpraxis eine Befreiung von der medizinischen Maske ausgestellt hatte.

Wie heißt es so schön? „Die Hoffnung stirbt zuletzt".
Und auch hier wieder dasselbe: Keine Behandlung für jemanden, der nicht gegen diese ominöse Erkrankung geimpft ist. Der Hörer wurde aufgeknallt, und ich habe nie mehr was von ihm gehört.

Nach ca. einer Stunde erhielt ich einen Anruf von meinem Zahnarzt, der mich am Abend, nachdem alle anderen Patienten weg waren, behandeln wollte. Voraussetzung wäre aber ein Schnelltest. Ich lehnte dankend ab und würde mich wieder bei ihm melden, sollte ich bis dahin keinen Behandler finden.
„Was nun", dachte ich. Das Fieber war inzwischen auf 39 °C gestiegen und ich wälzte erneut das Telefonbuch in der Hoffnung, einen Behandler in meiner Nähe zu erreichen.
Ich finde es eine Zumutung für jeden Patienten, mit Fieber und starken Schmerzen durch die Gegend laufen zu müssen, um eine Arztpraxis aufzusuchen. Früher kam der Hausarzt noch nach Hause. Mein Resümee: „Einfach nur irre, dieses Gesundheitssystem." All die Jahre kaputtgespart! Schließlich erging es mir noch bei drei weiteren Arztpraxen ebenso wie bei den vorhergehenden telefonischen Anfragen.
Schließlich fand ich endlich eine Ärztin im Umkreis von 5 km, welche sich bereit erklärte, mich noch am Vormittag auf Covid-19 zu testen. Sie hat mir eine Arbeitsunfähigkeitsbescheinigung und Rezepte mit Antibiotikum und Schmerzmittel ausgestellt. Eine körperliche Untersuchung? Fehlanzeige. Nur eine kurze Anamnese, ein PCR-Test außerhalb der Praxis im kalten Treppenhaus. Das war es schließlich. Ärztliche Betreuung gab es ab hier nur noch telefonisch.

Im Laufe des darauf folgenden Abends und in der Nacht stieg das Fieber schließlich auf über 39,5 °C und erreichte am 3. Abend das Höchstmaß mit über 41 °C. Erst jetzt, drei Tage nach Testung, erhielt ich den Anruf vom Gesundheitsamt, dass ich SARS COV 2 positiv sei. In der Quarantänezeit konnte ich keinen Arzt aufsuchen und auch kein Arzt würde ins Haus kommen. Das ist schlimm und unmenschlich! Wer weiß, was sehr hohes Fieber mit einem Körper anstellt, weiß auch, dass man nicht in der Lage ist, überhaupt aus dem

Bett zu kommen. Im Übrigen hatte ich weder Husten noch Schnupfen (Sinusitis), keine Atemnot, nur dieses sehr hohe Fieber und wahnsinnige Kiefer- und Kopfschmerzen und einen sehr trockenen Hals.
Aus meiner Erfahrung vom Klinikbereich aus der Kieferchirurgie hatte ich nie Corona, sondern nur einen positiven PCR-Test, der m. E. auf alles reagiert und mit einem CT-Wert von >20 sogar einen Genschnipsel auf dem Mond aufspüren würde. Ich bin der festen Überzeugung, dass es nur eine „Kieferhöhlenentzündung“ mit angehender Sepsis war, da auch ein Breitspektrum Antibiotikum oral eingenommen, nicht angeschlagen hat. In der Regel sollte man immer erst die Keime mittels Abstrich bestimmen, um die Behandlung mit Antibiotika gezielt einzuleiten. Hier hätte ich dann das richtige Penicillin oder Antibiotikum intravenös bekommen können, welches auch auf die tatsächlich vorhandene Keimart anspricht. Mein Körper wurde immer schwächer und ich schlief sehr viel. Kein einziges Medikament hat das Fieber gesenkt, keine Wadenwickel halfen. Ich habe alles Mögliche geschluckt, von Paracetamol, IBU bis hin zu Diclo und Novaminsulfon. Nichts half. Die paar Liter Flüssigkeit, welche ich noch mit Mühe und Not oral zu mir nehmen konnte, habe ich sofort wieder ausgeschwitzt.

Sehr gute Freundinnen, beide Krankenschwestern aus der Anästhesie und Intensivpflege, haben mir notfallmäßig für mehrere Tage einen intravenösen Zugang gelegt und somit Flüssigkeit verabreicht. Erst am 12. Tag ging das Fieber wieder runter. An dieser Stelle ein herzliches Dankeschön an meine beiden Kolleginnen. Ohne eure Hilfe wäre ich vielleicht nicht mehr unter euch. Ich bin überzeugt, hätte mich ein unwissender und nicht informierter Mensch in ein Krankenhaus eingewiesen, wäre ich wegen einer Falschbehandlung in der Klinik auf einer sogenannten Covid-Intensivstation mittels Überdruck-Beatmung in Bauchlage und Cortison-Behandlung ein weiterer Corona-Toter in der Statistik des RKI. Zum Glück habe ich viele liebe Menschen um mich, die aus der Krankenpflege kommen und gut informiert waren. Was, wenn diese Menschen nicht gewesen wären? Das kann man sich nicht ausdenken. Danke!

Allen Ärzten und Kollegen da draußen in den Krankenhäusern und Arztpraxen, die bei der Corona-Pandemie-Politik-Ausgrenzung-Diffamierung mitgemacht haben, sage ich nur: Wir werden nie vergessen! Danke allen Politikern dieses Landes – ohne diese unverhältnismäßigen, widersprüchlichen Maßnahmen wüssten wir wohl nie, wer die wahren Verbrecher – und wer die echten Freunde im Leben sind.

Der Leidensweg meiner Mutter

Sibylle, 57, selbstständig

Der unglaubliche Leidensweg meiner Mutter, ich kann ihn heute noch nicht fassen. Aber ich finde es wichtig, dass bekannt wird, wie Familien auseinandergerissen wurden und vor allem, wie unverantwortlich man mit kranken Menschen umging.

Es begann mit einem Unfall – meine Mutter war in ihrer Wohnung gestürzt. Als der Notarzt kam, konnte sie nicht mehr stehen und hatte starke Schmerzen im Bein. Er sagte ihr, sie sollte die Nacht abwarten. Am nächsten Morgen litt sie immer noch unter starken Schmerzen. Die ambulante Pflege riet ihr erneut, den Notarzt zu rufen und im Krankenhaus klären zu lassen, was ihr fehlt. Dort herrschte striktes Besuchsverbot.

Freitagabend brachte der Notarzt meine Mutter in die nächstgelegene Klinik; nach einer kurzen Untersuchung und der Diagnose „alles ok" wurde sie weitertransportiert, in eine orthopädische Klinik. Der Grund: Im anderen Krankenhaus wurden die Plätze für „mögliche Coronapatienten" freigehalten.

Samstag rief ich in der Klinik an. Meine Mutter hatte kein Telefon auf ihrem Zimmer; die Krankenschwester meinte, sie darf den Hörer nicht weitergeben und hat keine Zeit, meiner Mutter das Telefon einzurichten. Ich bekam die Auskunft, es geht ihr gut und man versucht, sie zu mobilisieren. Mein Bruder brachte ihr dann eine Tasche mit Kleidung und Geld fürs Telefon. Als ich abends wieder auf der Station anrief, hieß es, das Geld, das mein Bruder gebracht hatte, war nicht gefunden worden! Und ohne Geld keine Telefonate. Zur Diagnose dürfe man nichts sagen, nur der Arzt darf Auskunft geben.

Sonntag bestand ich darauf, meiner Mutter doch bitte ein Telefon einzurichten. Wieder wurde ich vertröstet. Am Nachmittag hatte meine Mutter dann endlich Telefon, aber schien sehr verwirrt. Ein Arzt sagte mir, es wäre nichts weiter, die Schmerzen kommen vermutlich vom Knie und sie werde weiterhin mobilisiert. Am nächsten Tag weinte und klagte meine Mutter über starke Schmerzen, noch immer wirkte sie sehr durcheinander.
Später erzählte sie mir, man machte Versuche, mit ihr zu laufen, was ihr aber sehr schwerfiel. Die Ärztin erklärte, Mutter solle am Ende der Woche die Klinik verlassen und dann evtl. in die Reha oder zur Kurzzeitpflege. Nach wie vor herrschte komplettes Besuchsverbot. Auch die Chefarztvisite am Donnerstag brachte keine neuen Erkenntnisse.

Freitag erhielt ich einen Anruf der Ärztin: Meine Mutter wurde ohne Absprache am Morgen in ein weiteres Krankenhaus zur Computertomografie gefahren. Ihre „Verwirrung“ sollte diagnostiziert werden. Ganz nebenbei erfuhr ich dann den richtigen Befund: Nach einer ganzen Woche stellte man fest, dass meine Mutter einen Oberschenkelhalsbruch hatte! Sie wurde wieder zurück in die Orthopädische gebracht und von dort aus zwei Stunden später in eine Notfallklinik.

Wohin, das sagte man mir nicht. Samstagfrüh war die Operation, und am Sonntag erlaubte mir die Krankenschwester ein Telefonat. Meine Mutter war völlig desorientiert. Sie wusste überhaupt nicht, was mit ihr geschehen war. Am Montag teilte mir der Arzt mit, alles sei gut verlaufen, ihr Oberschenkel wurde genagelt und sie darf das Bein mindestens drei Wochen gar nicht und danach nur sehr wenig belasten. Dienstag wurde Mutter in eine weitere Klinik verlegt, die vierte?

Nachdem der schmerzhafte Bruch des Oberschenkels nun tatsächlich nach einer ganzen Woche operiert worden war, wurde sie Tage später in das fünfte Krankenhaus gebracht. Dort blieb sie dann drei Wochen. Auch dort durfte ich sie nicht besuchen. Zu wissen, dass es meiner Mutter so schlecht geht und ich sie nicht einmal umarmen und trösten kann, war unerträglich. Die Schwester erklärte mir, sie hätten dort nicht die Kapazitäten, um Mutter zu mobilisieren, aber sie schauen zweibis dreimal am Tag nach ihr.

Mehr sei nicht möglich, denn sie wären ein Auffanglager für alle, die in den normalen Krankenhäusern nicht bleiben konnten, weil die Stationen freigeräumt wurden – für eventuelle Coronapatienten!

Es kamen schwerkranke und sterbende Patienten, die dort eigentlich nichts verloren hatten. Und man hatte weder die Kapazitäten, sich um die Kranken zu kümmern, noch die Kompetenz. Ja, sie hatten nicht einmal einen Arzt! Aus den angrenzenden Kliniken schauten je nach Möglichkeit Ärzte vorbei, feste Ansprechpartner gab es nicht. Solange Reha- und Pflegeeinrichtungen einen Aufnahmestopp hatten, kamen alle diese Patienten zu ihnen.
Zwei Wochen später wurde meine Mutter spontan in die Reha verlegt, denn das „Auffanglager“ wurde geschlossen. All das erlebte ich auf die erzwungene Distanz hin mit und bangte täglich. In der Reha durfte ich sie zum ersten Mal besuchen.

Nach zwei Wochen war es so weit. Mir fällt es heute noch schwer, darüber zu sprechen, wie weh es tat, meine Mutter so wiedersehen zu müssen. Sie saß im Rollstuhl in einem Raum, ich wurde in den Nebenraum gesetzt. Die Durchgangstür war durch mehrere Tische verstellt. Auf allen Tischen standen Plexiglasscheiben. So saß ich dann in dem einen Raum, eine Pflegerin dicht hinter mir und meine Mutter mir gegenüber im anderen, auch hinter ihr saß eine Pflegerin.

Es herrschte Maskenpflicht! Meine Mutter hat mich erst gar nicht erkannt – erst, als ich kurz die Maske hinunterschob. Als sie mich ansah, begann sie spontan zu weinen und fragte, warum ich denn nicht neben ihr sitzen dürfe? Die gefühlskalte Reaktion der Pflegerin: „Frau ..., Sie wissen doch, wir haben Corona!"

Dieser traurige Besuch wurde harsch nach zwanzig Minuten durch dieselbe Pflegerin beendet: „Es warten schon die Nächsten vor der Tür!"

Ende Juli konnte Mutter weder alleine gehen noch stehen. Zudem war sie völlig verwirrt und wusste nicht, wo sie ist. Wir beschlossen als Familie, sie in ein anderes Pflegeheim zu verlegen. Dies geschah dann auch – im September. Besuche ab Oktober waren nur mit Test, Maske und nach vorheriger Anmeldung erlaubt. Ab März 2021 durfte ich dann mit Impfausweis, Test und Maske zu ihr. 2022 war es möglich, „nur" mit negativem Test das Heim zu betreten. Es war ungeheuerlich.

Hinzu kam eine regelmäßige „Zimmerquarantäne" der Bewohner und ein Besuchsverbot bei positivem Test während der gesamten Zeit bis zum Herbst 2022. Was meine Mutter in ihrer Not und Einsamkeit durchmachen musste und wie schwer die Unsicherheit, die Einsamkeit auf uns lasteten in dieser Zeit, das kann ich kaum in Worte fassen.

Zum Glück ist meine Mutter zäh und hat die ganze Tortur überstanden. Bis heute kann sie weder alleine gehen noch aufstehen und leidet an Altersdemenz. Im September feierten wir ihren 89. Geburtstag.

Mein Kater starb allein

Michaela, 49, kaufmännische Angestellte

Es war im November 2021. Mein Kater Chili hatte genauso wie sein verstorbener Bruder Zysten in oder an den Nieren. Wenn ich abends von der Arbeit nach Hause kam, wartete mein Kater immer an der Tür, wenn ich sie aufschloss. Diesmal nicht ... da wusste ich, dass etwas nicht stimmt!
Er lag unter dem Sofa und miaute; er schien apathisch und hatte offenbar Schmerzen. Also rief ich schnell bei meinem Tierarzt an und schilderte das Verhalten, sagte, es ist ein Notfall.
Als ich dort ankam, sah ich das Schild am Eingang mit 3G. Ich war weder getestet noch geimpft und lehnte diese irren Maßnahmen ab.

Ich setzte meine Maske auf und ging mit der Katze hinein, das Schild ignorierte ich. Und schon kam eine Angestellte auf mich zugeeilt, um mich nach meiner Impfung oder einem Test zu fragen.
Ich war fertig mit den Nerven, sagte, ich habe keinen Test und auch keine Impfung.
Dann schilderte ich ihr die Symptome meines Katers und ich musste dann draußen im Auto warten – ich wurde aus der Praxis geschickt.
Mein Kater war noch drin ohne mich ... ich durfte nicht mit dabei sein. Sie sagten mir, sie untersuchen ihn jetzt und rufen mich dann im Auto an. Ich wartete und wartete bestimmt eine Dreiviertelstunde und keiner meldete sich bei mir. Ich war nervlich so am Ende und weinte nur. Innerlich habe ich mich schon verabschiedet von meinem Kater.
Ich hatte einfach so ein komisches Gefühl ... dann kam der Anruf der Tierärztin.

Sie erklärte mir, dass sie nach Röntgenbild, Ultraschall und Blutuntersuchung (also das volle Programm) noch Blut aus dem Bauchraum entnommen haben. Der komplette Bauchraum sei voll mit Flüssigkeit und die Blutwerte seien katastrophal. Sie sagte, dass es für ihn keine großen Überlebenschancen oder

Heilung mehr gäbe. Sie fragte mich dann tatsächlich, was wir tun sollen, wie ich mich entscheide?
Ich konnte nicht klar denken und gewiss keine vernünftige, rationale Entscheidung treffen.

Daraufhin fragte ich sie: „Sie sind in der Praxis, ich bin hier draußen im Auto und ich soll eine Entscheidung treffen, ohne dass ich mich von meiner Katze verabschieden kann?"
Das waren meine Worte, ich kann mich noch genau erinnern, als wäre es gestern gewesen. Da hatte sie wohlgemerkt, wie empathielos sie gewesen war ... also durfte ich noch einmal „kurz" hinein – „Aber nur mit Maske!", ergänzte sie. Ich dachte mir: Ja, verdammt, ich ziehe die verdammte Maske ja auf! Man muss dazu sagen, es war schon gegen 20 Uhr und dunkel und außer mir waren keine anderen Patienten mehr zu sehen.

Dann war ich wieder in der Praxis und sie erklärte mir nochmal alles im Schnelldurchlauf, aber ich war nicht mehr richtig aufnahmefähig. Ich durfte bei der Sedierung und der letzten „Spritze" nicht mehr dabei sein und wurde vorher wieder hinausgeschickt. Nach 10 Minuten riefen sie wieder an, ich könne jetzt wieder hereinkommen.
Dann bezahlte ich und bekam eine Transportbox mit einer toten Katze in einem schwarzen Sack überreicht ... ich wollte nur noch nachhause. Ich durfte meinem geliebten Kater in den letzten Minuten seines Lebens nicht beistehen. Das war das Schlimmste, was diese Praxis mir angetan hat. Es war einfach empathielos, herzlos und unmenschlich.

Ich entschied mich, meinen toten Kater in das Krematorium bei mir im Ort zu bringen, dort konnte ich mich in Ruhe verabschieden und dann nahm ich die Urne mit seiner Asche mit nachhause.
Dort steht sie nun im Regal neben der Urne seines Bruders.

Nicht alle Ärzte machten mit

Manuela, 52, Praxismanagerin

Ich arbeite in einer Arztpraxis und möchte gern ein paar Vorfälle aus der Coronazeit schildern. Mittlerweile könnte ich ein ganzes Buch darüber schreiben. Vielleicht inspirieren diese kleinen Geschichten auch andere, über die Abläufe in ihrer Praxis zu erzählen. Wir haben unsere Termine vor der Gesundheitskrise schon so organisiert, dass sich die Patienten nicht im Wartezimmer aufeinanderstapeln, daher war und ist eine individuelle Betreuung für uns kein Problem.

So haben wir jeden einzelnen Patienten nach dem Panikalarm aus dem Gesundheitsministerium 2020 angerufen und abgefragt, wie der Patient selbst die Situation einschätzt und ob er seinen Termin wahrnehmen oder lieber verschieben will.
Es gab sie vorwiegend 2020, die Patienten voller Angst. Wobei erstaunlich war, dass es zumeist nicht die vulnerablen Gruppen waren, die den persönlichen Kontakt vermieden, sondern eher die jungen Menschen bis etwa 25. Die älteren Damen und Herren sagten eher: „Na hören Sie mal, ich habe den Krieg und die Nachkriegszeit erlebt, da lasse ich mich doch von so einem Virus nicht beeindrucken".

Frau K. bat um einen Termin und teilte sofort am Telefon mit, dass sie keine Maske tragen könne, sie habe diesbezüglich auch ein Attest und ob sie bei uns einen Termin bekäme. Das war, nachdem sie bei diversen Ärzten abgewiesen worden war. Meine Antwort lautete, dass sie selbstverständlich einen Termin bei uns wahrnehmen könne, auch wenn sie keine Maske tragen kann. Ein Attest wäre ebenfalls nicht vonnöten, erklärte ich ihr, denn die Verordnung spricht von Glaubhaftmachung.
Wenn sie mir als Patientin schildere, dass sie keine Maske tragen könne, dann ist ihr auch zu glauben. Die Patientin war nach ihrer langen Odyssee auf der Suche nach einem Arzt sehr erleichtert.

Ab Mitte 2021 ging es dann los. Manche Patienten versuchten durch einen Stempel in einem gelben Heft einen schnelleren Termin zu ergattern. Bei Anrufen hieß es dann nicht mehr, ich bin Privatpatient, sondern „ich bin geimpft."
Herr B. meldete sich im April 2022. Er wollte einen Termin vereinbaren, es ging um ein Gerichtsgutachten. Er druckste am Telefon herum, sagte dann, er wäre nicht geimpft, ob er trotzdem einen Termin erhalte. Ich teilte ihm mit, dass es uns in der Praxis nicht interessiere, wer geimpft sei und wer nicht, dies sei schließlich Privatsache. Man konnte eine gewisse Erleichterung am Telefon spüren. Man merkte im Gespräch, dass da noch etwas war, was er sich nicht traute, auszusprechen.

Dann kam es: „Ich bin Russe." Ich fragte ihn, was daran jetzt ein Problem sei und wen das etwas anginge. Man konnte spüren, wie eine große Last von ihm abfiel, die Angst, dass der Richter ggf. wegen fehlender Mitwirkung das Verfahren zurückweist. Der Mann brach in Tränen aus, weil er bei uns keinerlei Ressentiments erleben musste. Es gab sie aber auch, die anderen. Herr L. war mit einer Entscheidung eines Arztes unzufrieden und verließ ungehalten unsere Praxis. Keine zehn Minuten später stand die Polizei vor der Tür! Mein Chef öffnete als Gesichtsmensch die Tür. Die erste Reaktion des Beamten: „Haben Sie keine Maske?".

Man hätte eine Anzeige erhalten, dass in der Praxis keine Masken getragen würden.
Mein Chef berichtete den Polizeibeamten, er sei derzeit allein in der Praxis, da trage er natürlich keine Maske. Es wurden sämtliche Räume inspiziert und nach etwaigen Nichtmaskierten durchsucht – ohne Erfolg. Wobei anzumerken wäre, der Patient, der die Polizei gerufen hatte, hat seine Maske selbst nur auf halb acht getragen.

Ich bin nun seit über 35 Jahren im Gesundheitswesen tätig, aber alles in allem habe ich noch nie eine solche Dankbarkeit von Patienten erfahren wie in dieser Zeit. Patienten, die nach dem Termin nochmals anriefen und sich für den menschlichen Umgang bedankten, das berührte mich jedes Mal. Einerseits war

das natürlich sehr schön, andererseits hat mich der Umgang, den die Patienten in anderen Praxen erfahren hatten, sehr beschämt und auch demütig gemacht. Es war vor dieser Zeit schon ein Problem, dass viele den Patienten nicht zuhörten, aber diese Zeit hat das noch intensiv verstärkt. Wir haben den Patienten bezüglich seiner Ängste ernst genommen und ihn selbst das Risiko bestimmen lassen.
Man muss auch verstehen, dass es Menschen gibt, die Angst vor Ansteckung haben, ob begründet oder nicht und Angst ist etwas sehr Persönliches. Wenn man die Patienten individuell betreut und vorher mit ihnen spricht, dann lässt sich vieles ohne Probleme und Zwischenfälle handhaben. Eine Sache der Organisation, die sicher etwas aufwändiger ist, aber auch eine Frage der Wertschätzung innerhalb eines Teams. Ich bin meinem Chef für seine Besonnenheit in dieser Zeit unendlich dankbar und werde dies nie vergessen!

Mein persönliches Fazit insbesondere aus den letzten drei Jahren: Wer Angst vor einer Infektionskrankheit hat, hat sich mit dem Gesundheitswesen die falsche Branche ausgesucht und sollte eine Umschulung erwägen! Das ganz entscheidende Problem im Gesundheitswesen ist die gesetzliche bzw. kassenärztliche Versorgung der Patienten. Der Patient ist nicht der Geschäftspartner des Arztes, des Krankenhauses oder der Physio etc., noch nicht einmal die Krankenkasse, sondern hier wird noch die Kassenärztliche Vereinigung dazwischengeschaltet.

Daher ist der Patient nicht der Kunde, sondern die Ware und dies mit Zwischenhändler. So behandelt man ihn auch in vielen, vorwiegend großen Einrichtungen. Ich weiß, dass viele diese Systematik nicht erkennen und auch auf „unserer“ Seite nach Solidarität schreien, das ist das Problem und nicht die Lösung. Da wird dann noch Neid geschürt – die Privatpatienten, ja, wer weiß denn schon, warum der Privatpatient bevorzugt wird? Es geht hier nicht um die höhere oder bessere Vergütung – die ist oft sogar geringer als bei Kassenpatienten.

Menschen mit Behinderung

Für Menschen mit Behinderung war die Coronazeit besonders hart, denn die Coronamaßnahmen erschwerten ihren ohnehin nicht leichten Alltag. Sich an Hindernisse zu gewöhnen, wie Abstand, Maskenpflicht oder Distanzunterricht, überforderte sie massiv, denn ihr Tagesablauf war schon ohne Coronamaßnahmen eine Herausforderung.

Gehörlose Kinder, die sich am Mund des Gegenübers orientieren, um die Worte zu verstehen, saßen plötzlich Lehrern mit Maske gegenüber. Erwachsene Menschen mit Behinderung, die sich aus Angst vor einer Autoimmunerkrankung oder anderen persönlichen Gründen nicht impfen ließen, verloren den Zugang zu ihren gewohnten Freizeitaktivitäten.

Begegnungsstätten wurden geschlossen, die Pflegehilfe durfte nicht mehr kommen. Der Alltag geriet völlig aus den Fugen, denn der plötzliche Verlust

von üblichen Gewohnheiten sorgt bei Menschen mit Behinderung für große Unsicherheit und Angst. Die gewohnten täglichen Abläufe bieten besonders Menschen, die unter einer Behinderung leiden, notwendigen inneren und äußeren Halt.
Eltern von Kindern mit Behinderung waren dringend auf die Unterstützung von Pflegekräften angewiesen, auf die sie nun plötzlich verzichten mussten – aus Angst vor Corona. Integrative Kindergärten wurden geschlossen, Behinderten-Werkstätten ebenfalls. Die Betreuung fiel indessen allein der Familie zu. Diese neue Aufgabe war neben dem Berufsalltag kaum zu stemmen – von der seelischen Belastung für alle Beteiligten ganz zu schweigen. Medizinische und berufliche Rehabilitation konnte nicht wie gewohnt stattfinden, selbst Fahrdienste fielen aus. Wo Fortschritte mühsam erkämpft worden waren, gingen sie wieder verloren, wenn die Betreuung und Förderung fehlte. Erwachsene, die sich nicht impfen lassen wollten, durften keine öffentlichen Verkehrsmittel mehr benutzen, weil die 2G-Regel galt.
Sie mussten ihre Lebensmittel kilometerweit zu Fuß nach Hause tragen – besonders für Gehbehinderte eine Tortur.

In Wohngruppen für geistig behinderte Menschen wurden die Bewohner massiv zur Impfung gedrängt und zutiefst verunsichert. Es macht fassungslos, wie manche Betreuer mit ihrer Verantwortung umgingen – es ging nicht mehr um den Menschen, sondern nur noch darum, mit eifrigem Ehrgeiz die Anordnungen der Regierung zu befolgen. Angehörige mussten helfend einschreiten, um ihre Lieben zu beschützen. Traumatisierte Personen, die aus psychischen Gründen ein Maskenattest hatten, wurden am Arbeitsplatz beschimpft und diffamiert – das Attest und die persönlichen Gründe interessierten niemanden.

Der besondere Schutz der Risikogruppen stand laut Aussagen der Politik während der Coronazeit stets im Vordergrund: Menschen mit Behinderung sollten nicht benachteiligt werden. Damit gemeint war in erster Linie der Schutz vor dem Virus. Wichtig war es auch, den „Zugang zur Impfung" zu ermöglichen. Die Berichte zeigen eine erschreckende Rücksichtslosigkeit gegenüber der „vulnerablen Gruppe".

Die schwerwiegenden Folgen, welche die Maßnahmen für Kinder und Erwachsene mit Behinderung hatten, wurden zwar im Nachgang mit großer Betroffenheit angeprangert. Den Menschen, die im Stich gelassen wurden, nützt das jedoch nichts mehr. Sie leiden bis heute unter den Folgen einer menschenfeindlichen Politik.

Gehörlos und ausgegrenzt

Manuel, 33, Fachinformatiker

Schlimm war die Ausgrenzung, die mein gehörloser Lebensgefährte erfuhr. Schon Jahre vor Corona war er in der Gesellschaft ein Ausgestoßener. Mit dem Beginn der Coronazeit drängte man ihn komplett an den Rand der Gesellschaft: Aufgrund seiner Behinderung konnte er die anderen wegen der Masken im Gesicht nicht mehr verstehen. Auch seine Arbeit wurde sehr erschwert, bis er sich nicht mehr an die Maßnahmen hielt. Er ist Erzieher an einer bilingualen Schule, wo er mit hörenden und gehörlosen Kindern arbeitet, mit denen er über Gebärdensprache kommuniziert. Und das funktioniert nicht, wenn die Mimik nicht zu sehen ist.

Mein Lebensgefährte erzählte mir damals, dass er beim Direktor der Schule war und sich bei ihm über die Maskenpflicht beschwert hatte, weil die Maske die Kommunikation beim Gebärden behindert. Sowohl er als auch die Kinder könnten so nichts mehr verstehen. Er teilte seinem Chef auch mit, dass er sich nicht mehr an die Maskenpflicht halten werde und tun würde, was er für richtig hält. Darauf antwortete sein Chef, dass womöglich eine Impfpflicht kommen werde. Meinen Lebensgefährten interessierte das nicht, er entgegnete, dass er dann kündigen würde. Die Schule könne dann zusehen, wie sie einen Erzieher mit Gebärdensprachkompetenz bekommt; er hätte genügend Angebote, wo er sofort anfangen könne. Als er mir das erzählte, war ich stolz auf ihn und ich freute mich, dass er so stark ist und seine Prinzipien nicht verrät.

An einem anderen Tag berichtete er, dass die Kinder in seinem Hort auf dem Pausenhof Fußball spielen durften und das, obwohl so etwas wegen der angeblichen Ansteckungsgefahr verboten war. Das Verbot interessierte ihn nicht. Seine Meinung war, dass, wenn die Bundesliga trotz Corona und Plandemie Fußball spielt, die Kinder das selbstverständlich auch dürfen. So ließ er es geschehen – die Kinder hatten Spaß und konnten sich auf dem Pausenhof lebhaft austoben. Mein Lebensgefährte versuchte, das Leben der Kinder so gut wie möglich zu erleichtern, z. B. indem er sie Fußball spielen ließ.

In seinem Hort durften sie auch die Maske absetzen. Ihm war wichtig, dass es den Kindern gut geht, da er es nicht ertragen konnte, zuzusehen, wie die Kinder unter den menschenverachtenden Maßnahmen leiden mussten. Er stellte auch fest, dass Kinder aufgrund der Maskenpflicht in der Schule Sprachdefizite entwickelten und insgesamt in ihrer Entwicklung zurückfielen. Sie bekamen auch vermehrt psychische Störungen wie Angstzustände und Depressionen.

Mein Lebensgefährte wurde sogar am 3. März 2021 von einem Polizisten angegriffen, weil er wegen seiner Behinderung nicht gehört hatte, dass der Polizist ihn aufforderte, stehenzubleiben. Ich muss hinzufügen, dass wir mit drei anderen zusammen damals durch einen Park gelaufen sind. Es war unser Montagsspaziergang und die Polizei war dort im Park sehr präsent und offensichtlich auf der Suche nach Streit und Eskalation. Ich hatte Mühe gehabt, die Hand vom Polizisten von meinem Lebensgefährten loszureißen. Hinterher war es schwer, meinen Partner zu beruhigen.

Impfzwang in der Wohngruppe

Martina, 48, selbständig

Meine Tochter ist geistig behindert und wohnt in einer Wohngruppe. Schon 2020 hatte ich der Leitung mitgeteilt, dass ich einer Impfung nicht zustimmen würde. Ich habe das auch begründet, u. a. mit Aussagen von Prof. Dr. Bhakdi. Der Leiter der Einrichtung hat mir daraufhin per E-Mail geschrieben, dass ich es unterlassen solle, die Mitarbeiter zu verwirren.

Im Dezember 2020 wurden alle zwölf Bewohner getestet, darunter zwei positive Tests: der meiner Tochter und ihrer Freundin. Die beiden Mädchen wurden dann im Zimmer meiner Tochter von den anderen isoliert und saßen zwei Wochen in Quarantäne. Versorgt wurden sie durch „voll vermummte Betreuer" – das Essen stellte man ihnen auf einem Tablett vor die Tür.

Danach war meine Tochter dann offiziell „genesen". Anfang Februar 2021 wurden die übrigen Bewohner geimpft. Im Juli 2021 wurde die Freundin behandelt und meine Tochter gnadenlos ausgegrenzt. Sie war die Einzige, die im Haus mit einer FFP2-Maske herumlaufen musste, und durfte nicht mehr mit den anderen zusammen essen. Natürlich hatte sie mir daraufhin gesagt, dass sie lieber geimpft werden wollte. Ich habe sie gebeten, auszuhalten oder zu mir zurückzukommen.

Nach Weihnachten 2021 erhielt ich einen gelben Brief vom Betreuungsgericht. Die Einrichtung hat beim Amtsgericht den Antrag gestellt, mir die Betreuung in Gesundheitsfragen zu entziehen, damit der größte Wunsch meiner Tochter, geimpft zu werden, erfüllt werden konnte; ihr wurde ein Verfahrenspfleger zur Seite gestellt. Ich habe meinerseits eine Anwaltsfreundin kontaktiert und mit ihr zusammen einen Antrag an das Gericht formuliert. Darin stand, dass erst einmal abgeklärt werden solle, ob die Impfung bei ihrem Krankheitsbild (Adipositas, Bluthochdruck etc.) nicht kontraproduktiv sein könne. Dieses Schreiben habe ich noch an Silvester in den Briefkasten vom Amtsgericht geworfen.

Der Rechtspflegerin habe ich ein Schreiben gesandt, mit einem Fragebogen an den Impfarzt.

Sollte er diesen nicht unterschreiben, würde ich sie für Schäden haftbar machen. Die Rechtspflegerin hat mich im Januar angerufen und mir gesagt, dass sie nicht mit meiner Tochter zum Impfen gehen werde; sie müsse nur eine Empfehlung an die Richter abgeben und würde vorher mit allen Beteiligten reden.

Die Mehrheit – meine Tochter, die Einrichtung und die Werkstatt – waren natürlich dafür. Dann musste ich noch mit Tochter zum Kreis, wo meine Einstellung geprüft werden sollte. „Sie muss geimpft werden!", sagte man mir dort. Ich habe gefragt, warum und die Antwort lautete: zum Schutz der anderen Bewohner. Ich entgegnete, dass die doch geschützt sind, da sie schon zwei Impfungen hätten.

Die Antwort wiederum war spannend: „Das schützt nicht vollständig!" In dem Moment war ich froh, eine Maske zu tragen, damit man meinen Gesichtsausdruck nicht sehen konnte. Seitens des Kreises wurde mir genehmigt, diverse Fachärzte aufzusuchen, um den Gesundheitszustand in Bezug auf Impfung klären zu können. Termine musste ich melden.

Dafür bin ich 200 Kilometer weit gefahren! Meine Tochter erhielt Ende Februar 2022 ihre erste Impfung. Am nächsten Tag wurde in der Werkstatt ein Test gemacht und sie musste in häusliche Quarantäne. Diese wurde vom Gesundheitsamt überprüft. Genau wie 2020 hatte sie keinerlei Symptome.
Ich habe der Richterin und dem Kreis die Kopie vom Impfausweis und die beiden Testergebnisse zugesandt, mit dem Antrag, das Verfahren gegen mich einzustellen, denn meines Erachtens würde „zweimal genesen und einmal geimpft" so viel bedeuten wie „dreimal geimpft" – was bei den anderen Bewohnern bereits der Fall war. Das Gericht akzeptierte das nicht und bestand auf einer weiteren Impfung. Im Juli 2022 bin ich dann nochmal viele Kilometer gefahren, um den Vorgaben zu entsprechen. Erst dann wurde das Verfahren eingestellt.

Menschen mit Behinderung als Versuchskaninchen zu benutzen – wie so etwas geschehen kann, das macht mich fassungslos. Und jetzt stellt sich heraus, dass die Ansteckung der Bewohner zunimmt und die Betreuer ständig krank sind – zum Teil so schwer, dass sie nicht mehr arbeiten können. Dass die anderen gesetzlichen Betreuer den Impfungen zugestimmt haben, lag daran, dass sie die Sorge hatten, ihre Kinder müssten sonst ausziehen. Ich glaube nicht, dass das der Fall gewesen wäre, denn der Betreiber verdient schließlich an den Bewohnern.
Aber hier greift halt die Spaltung, die von den Medien und der Politik eifrig betrieben wurde. Die Impfmittel habe ich ausgeleitet. Meiner Tochter geht es heute gut.

Geschichte eines kleinen Mädchens

Marc, 40, Consultant

Die Coronapandemie hat viele Familien plötzlich und unerwartet getroffen. Über Jahre eingespielte Abläufe mussten auf einmal über den Haufen geworfen und neu geplant werden. Schulen, Kindergärten und Kitas wurden geschlossen, die Kinder mussten zu Hause lernen und versuchen, per Internet und mit oft unerfahrenen Lehrern den Stoff des Schuljahres in irgendeiner Art und Weise zu meistern. Besonders Eltern kleiner Kinder, jetzt ins Homeoffice verbannt, erlebten auf einmal einen Alltag zwischen Team-Calls und Windelwechseln. Zahlreiche Videos gingen um die Welt, in denen der Nachwuchs plötzlich die Videokonferenz gesprengt hat. Was auf den ersten Blick niedlich und süß wirkt, war für die meisten Eltern eine Belastungsprobe. Arbeit und Familie gleichzeitig unter einen Hut bringen – dafür war und ist unsere Leistungsgesellschaft nicht ausgelegt.

Familien, welche Kinder mit Behinderung haben, wurden davon doppelt getroffen. Integrative Stellen wurden aus Angst vor dem Virus geschlossen, Pflegehil-

fen durften nicht mehr unterstützend eingreifen und überwiegend brach auch der Support aus der eigenen Familie zusammen. Oma und Opa sind schließlich Angehörige der Risikogruppe. Als Betroffene können meine Frau und ich ein Lied davon singen: Unsere Tochter leidet unter einem seltenen Gendefekt, der so neu und unbekannt ist, dass er noch nicht einmal einen Namen hat.
Nur die Nummer des betroffenen Gens ist ein Anhaltspunkt, um sich mit den wenigen anderen Eltern online austauschen zu können. 2019 war für uns ein Ärzte- Marathon: Schon 2018 hatten wir bemerkt, dass mit unserem kleinen Schatz etwas nicht stimmt. Neben einer sich nicht entwickelnden Sprache hatte sie auch motorische Schwierigkeiten. Im Januar 2019 wurde sie drei Jahre alt und entwickelte mehr und mehr geistige Aussetzer. Zu Beginn fanden wir das sogar noch amüsant. Ich scherzte „Jetzt muss sie rebooten", ein Satz, für den ich mich heute abgrundtief schäme.

Viele EEGs und Termine im Krankenhaus und Sozialpädiatrischen Zentrum, auch stationär, brachten dann die Gewissheit: Unsere Tochter litt an Absencen, einer idiopathischen generalisierten Art der Epilepsie. Im Gegensatz zur „normalen" Epilepsie zappelt sie dabei nicht herum, sondern verliert kurzzeitig das Bewusstsein. Das Gehirn geht auf Standby, während die Blitze darin zucken. Das kann überall passieren: beim Spielen, Essen, Schaukeln. Oder auch beim Gehen, was bei unserer Tochter irgendwann zu einer Bekanntschaft mit dem Türstock führte. Behandelt wurde mit einem Antiepileptikum, Valproat, auf das sie zum Glück sehr gut ansprach. Diese Behandlung hat natürlich auch Nebenwirkungen, sodass wir in regelmäßigen Abständen zur Blutabnahme und zu weiteren EEGs erscheinen mussten. Ein Pflegegrad 2 wurde festgestellt und wir bekamen einen Platz im integrativen Kindergarten um die Ecke. Dort entwickelte sich unsere Tochter, nicht zuletzt auch durch die Förderung, sehr gut. Bis Corona dem ein Ende setzte.

Wir lebten in Bayern, als Markus Söder den Notstand erklärte und alles dichtmachte. Alles dichtmachen, das bedeutete Absperrband um die Spielplätze, zu Hause bleiben und das Ende der Betreuung im Kindergarten. Der Pflegegrad wurde zu diesem Zeitpunkt auf 3 angehoben und wir hatten schon seit einiger

Zeit eine Putzfrau, die meiner Frau, welche von zu Hause aus arbeitete, einmal die Woche unter die Arme griff. Mit einer betreuenden Pflegekraft war nicht zu rechnen gewesen: In der für uns zuständigen Lebenshilfe gab es nur Betreuer mit einer Ausbildung für alte Leute. Der Versuch mit solch einer Hilfe endete im Chaos und mit vielen Tränchen auf den Wangen unserer Tochter.

Dank Corona fiel auch diese Hilfe nun weg. „Aufgrund der Coronapandemie können wir Ihnen leider keine Putzfrau mehr zur Verfügung stellen", hieß es – zu unserem Schutz. Schließlich war unsere Tochter Risikogruppe. Eine Risikogruppe mit einem ungeheuerlichen Betreuungsbedarf. Das Ende vom Lied: Wir stellten unsere Putzkraft auf Minijobbasis selbst bei uns ein, damit zumindest das Haus regelmäßig sauber wurde.
Meine Frau zerriss sich indessen zwischen Kinderbetreuung, Windelwechseln und ihrem Homeoffice-Job. Bis es nicht mehr ging und sie ihrem Chef die Kündigung überreichte. Nervlich war sie zu diesem Zeitpunkt bereits völlig am Ende. Ich versuchte in meinem Job so viel Zeit und Freiheiten zu ermöglichen, um auszuhelfen, aber am Ende war ich der Hauptverdiener und meine Vorgesetzten sagten mir irgendwann einmal durch die Blume, dass ich mich entscheiden muss, ob ich meinen Job so weiter gut machen kann oder ob meine Familie ein Hindernis ist. Und irgendwo musste das Geld ja herkommen ...

Unsere kleine Maus hatte inzwischen die Diagnose „Globale Entwicklungsverzögerung und Retardierung, außerdem Verdacht auf Autismus". Der Verlust des Kindergartens schmerzte sie sichtlich, vor allem, weil sie erst kurz zuvor ihre erste Freundin gefunden hatte, ein Mädchen mit Trisomie 21.
Zu den Blutabnahmeterminen erschienen wir Eltern jetzt mit Maske. „Maske doof!", mussten wir uns dann anhören, hatte unsere Tochter doch gelernt, sich die Lippenbewegungen von Erwachsenen anzusehen, um ungefähr zu verstehen, was ihr gesagt wurde. Dieses Hilfsmittel fiel auf einmal weg.
Einen EEG-Termin hatten wir 2020 lange aufgeschoben. Die Krankenhäuser sollte man ja möglichst meiden: Alle überlastet, strenge Regeln und keine Termine. Erst im November konnten wir so wieder vor Ort erscheinen. Unter strikten Auflagen.

Unsere Tochter ist ein Gewohnheitstier. Jeder Ablauf muss täglich gleich sein, sonst kommt sie durcheinander. Änderungen quittierte sie mit verstärktem „Stimming“, also Zwangshandlungen, mit denen sie nonverbal ihre Stimmung und Gefühle zum Ausdruck bringt. Vor der Medikation hatte sie sich auch regelmäßig ihre kleine Hand blutig gebissen, das war nun zurück. Ein Verband rund um die kleine Kinderhand war nicht die ideale, zu diesem Zeitpunkt aber die einzige Lösung.

Als der EEG-Termin kam, wollten wir wie üblich zu dritt – Mama, Papa, Tochter – in das Kinderkrankenhaus. „Zutritt nur für einen Elternteil“, sagte uns der breitschultrige Türsteher am Eingang. Schweren Herzens entschied sich meine Frau, draußen in Regen und Kälte zu warten. Traditionell war ich während der Messungen als „Geduldigerer“ derjenige gewesen, der unsere am ganzen Kopf verdrahtete Tochter in der recht langweiligen Zeit des Stillhaltens begleitet. Aber Mama war sonst immerhin bis zur Verkabelung geblieben, um unserer Maus Mut zuzusprechen.
Schon beim Gang in den Aufzug merkte meine Tochter, dass etwas nicht stimmt. „Wo denn Mama hin?“, fragte sie immer wieder. Meine Erklärungsversuche, dass wir es heute etwas anders machen würden und sie ihre Mama nach dem EEG wiedersehen würde, verstand die Kleine natürlich nicht.
Als wir schließlich im Untersuchungsraum waren und die Schwester die Elektroden anlegen wollte, hatte sich die ganze Angst ob der ungewohnten Situation in einen soliden Heul- und Schreikrampf entwickelt: Meine Tochter riss sich aus meinem Arm los und versteckte sich unter dem einzigen Tisch im Raum, die Stühle wie einen Schutzschild um sich gezogen, und rief flehentlich nach ihrer Mama.

Da dämmerte es auch der diensthabenden Schwester, dass wir so nicht weiterkommen. Sie rief im Foyer an, dass man ausnahmsweise zwei Elternteile hineinließ. Aber das Kind war bereits in den Brunnen gefallen: Als meine Frau in der Tür erschien, warf sich unsere Tochter in ihre Arme, weinte bitterlichst und rief nur noch „Heim gehen!“. Also Abbruch.

Den nachfolgenden Termin im angeschlossenen SPZ wollten wir dennoch wahrnehmen, auch wenn wir keine EEG-Daten hatten. Wir schritten durch den kalten Novemberregen zu dem Nachbargebäude, ich das noch immer wimmernde Kind im Arm. Hinein durfte diesmal nur meine Frau, Tochter und Papa mussten bei der Anmeldung draußen bleiben. Sie schilderte der Sprechstunde den Fall und ob wir, obwohl jetzt eine Stunde zu früh, zumindest kurz mit unserem behandelnden Arzt sprechen könnten. Dieser war natürlich gerade noch mit anderen kleinen Patienten beschäftigt, aber in ein bis zwei Stunden hätte er sicher Zeit für uns.
Warten müssten wir aber bitte draußen im Regen, da aufgrund der Pandemie der kindgerecht eingerichtete Wartesaal Sperrzone sei. Aber bitte nicht zu weit entfernen, es könnte ja sein, dass wir früher drankämen, so genau wisse man das nie.

Ich hatte zu diesem Zeitpunkt noch immer ein wimmerndes, allmählich trotz dicker Winterjacke frierendes Kind auf dem Arm. Als meine Frau wieder aus dem SPZ herauskam und mich über die Neuigkeiten aufklärte, war die Entscheidung schnell gefasst: Wir fahren nach Hause. Es sollte das letzte Mal gewesen sein, dass unsere Tochter dieses Krankenhaus von innen sah: Seit diesem Vorfall hatte sie eine Phobie vor Ärzten und dem Geräusch von Krankenwagen entwickelt, die sich vor allem im ersten Jahr nach der Impfkampagne äußerte, als immer häufiger die Klänge des Martinshorns durch unsere Wohnsiedlung hallten.
Als später der Kindergarten wieder öffnete, berichteten die Betreuerinnen, dass unsere Kleine bei einem gemeinsamen Ausflug beim Klang des Tatütata beim Überqueren der Straße einfach panisch stehen blieb, sich zusammenkauerte und die Ohren mit ihren kleinen Händen bedeckte. Zum Glück passierte ihr nichts weiter, aber diese Reaktion erfolgte nun jedes Mal bei Sirenengeheul.

Die Situation im wieder eröffneten Kindergarten war auch keine bessere: Die neu gefundene Freundin war in einer anderen Gruppe und durfte demnach nicht mehr mit unserer Tochter spielen. Flatterband zierte den Kindergartenhof, damit die drei Gruppen auf keinen Fall miteinander in Kontakt kämen.

Logopädie wurde zuerst mit Maske versucht, bis man auf die Idee einer Plastikscheibe zwischen Erzieherin und unserer kleinen Patientin kam. Die Fortschritte waren marginal; im Gegenteil, denn der positive Trend vor Corona hatte sich ins Gegenteil verkehrt.

Neben immer mehr Anfällen waren auch die zarten Fortschritte in Sprache und Motorik rückläufig geworden. Währenddessen zehrte sich auch die Mama körperlich und geistig immer mehr auf. Eine andere, radikalere Lösung musste her. Und so beschlossen wir im November 2021, den einzig richtigen Schritt zu tun. Etwas, das wir schon länger geplant, aber wozu wir bisher nie den Mut gefunden hatten. Für das Wohl unserer Tochter wollten wir es aber wagen: Auswandern.

Inzwischen schreiben wir Ende Juli 2023. In unserer neuen Heimat, fernab vom deutschen Wahnsinn und den Klauen von kinderhassenden Politikern, hat unsere Tochter neben Schwimmen, Tauchen und Schaukeln noch viele andere Dinge gelernt, die wir 2021 für unmöglich gehalten hätten. Sprachlich lernt sie inzwischen Deutsch, Englisch und Spanisch simultan. Auch die Anfälle sind auf ein Minimum zurückgegangen. Inzwischen haben wir Tage, an denen sie eine ganz normale Siebenjährige ist. Mit Träumen, voller Fantasie und mit großen Augen – ein Mädchen, das auch eine für uns neue Welt begeistert entdeckt.

Wir sind endlich glücklich.

Testzwang in der Betreuung

Alexandra, 53, Heilerziehungspflegerin

Ich bin Mutter eines geistig eingeschränkten Sohnes, der nun ganz in der Nähe in einer WG untergebracht ist. Zuvor wohnte er in Berlin und wurde dort regelrecht mit Testung und Hausarrest drangsaliert. Wir alle waren ungeimpft, bis zum Juli 2021.
Ein Betreuer in der Einrichtung meines Sohnes setzte ihn so lange unter Druck, bis er sich impfen ließ. Er traute sich nicht, es mir zu sagen, da ich ihm immer gesagt hatte, wenn er das tut, dann können wir uns nicht sehen; damals war das ja so. Als Ungeimpfte hätte ich meinen eigenen Sohn nicht besuchen dürfen. Also war sein Nachgeben auch noch meine Schuld, weil ich mich nicht richtig ausgedrückt hatte. Mein Sohn kann, was gesundheitliche Dinge angeht, selbst entscheiden.

So ließ ich mir den Namen des Betreuers und die Namen der Impfärzte geben. Alle wurden von mir angezeigt, und zwar bei den Alliierten – da ja in diesem Rechtssystem kein Erfolg zu erhoffen ist. Eine Anzeige schickte ich gegen die Wohngruppenleitung sogar per Fax in die USA zum damaligen Justizminister. Bis heute erhielt ich dazu keinerlei Rückmeldung, nicht einmal eine Eingangsbestätigung. Eine Aufklärung über die Impfung erfolgte zu keinem Zeitpunkt – von niemandem! Ich habe dann vorsichtig angefangen, mit einfachen Worten und Videoclips den Jungen aufzuklären. Er lag in meinem Arm und weinte bitterlich, er will das Gift nicht! Ich leite ihn seither aus. Testungen in der Einrichtung und am Arbeitsplatz verweigert er bis heute erfolgreich.
Bis 2021 arbeitete ich im gleichen Unternehmen, in dem mein Sohn untergebracht war. Ich wechselte, weil der Druck zu groß wurde mit Testung und Impfung. Im neuen Betrieb konnte ich mich bei der letzten dritten Impfung für einen meiner Klienten weigern. Ich verweigerte die Begleitung meines Klienten zur „Schlachtbank“. Der zuständige Hausarzt wollte dann auch noch im letzten Herbst die Grippeimpfung und den Booster gleichzeitig verabreichen. Das klappte nicht. Dafür kündigte er an, alle mit dem Booster impfen zu wol-

len, die noch kein Covid gehabt hatten. Mein Klient bekam ohne mein Zutun nur den Grippeschutz und litt drei Tage unter furchtbaren Bauchschmerzen. Der Arzt war im Urlaub und nicht erreichbar. Alle in der Einrichtung waren in der ganzen Zeit positiv getestet worden – nur mein Klient und ich nicht. Sofort kündigte ich an, ihn nicht zum zweiten Booster zu führen. Wir hatten es bis dahin geschafft und das sollte auch so bleiben!

Bei einem anderen Klienten kehrte der Krebs mit so viel Wucht zurück, dass er den Kampf schließlich verlor. Mein Mann und ich, mein zweiter Sohn und seine Partnerin bleiben weiterhin ungeimpft und wir testen uns nur per Spucktest. Mein dritter Sohn ist Erzieher. Ich denke, er musste sich das Gift geben lassen, damit er seine Arbeit nicht verliert. Er hat es bis heute nicht gesagt und vermeidet Gespräche darüber.

Mit meiner Familie, Mutter und Bruder, habe ich keinen Kontakt mehr, da die Auffassungen über Covid auseinandergehen. 2021 verlor ich also fast alle, die mir noch blieben. Ob sie Schäden oder Ähnliches davongetragen haben, weiß ich also nicht. Meine Mutter ließ sich nach eigenen Angaben nur impfen, weil sie dem Druck nicht mehr standhielt: Der Ortsvorsteher ging damals durch unser Dorf und pries die Impfung persönlich an der Haustür an. Sie erlag also dem Gruppenzwang. Eine Aufklärung durch uns hat sie nicht zugelassen.

Unmenschliche Psychiatrie

Petra, 62, Raumausstatterin

Für uns war die Coronazeit eine schwere Belastung. Mein Sohn, 37 Jahre alt, ist paranoid-schizophren. Er kam gut zurecht und lebte alleine. 2021 hat er dann versucht, sich das Leben zu nehmen. Es folgten zwei Aufenthalte in der Psychiatrie. Seitdem wohnt er bei mir.

Mein Sohn hat sich wie ich gegen die Impfung ausgesprochen. In der Psychiatrie haben sie dennoch immer wieder versucht, ihn zu überreden und dabei massiven Druck ausgeübt. Gott sei Dank blieb mein Sohn standhaft. 2022 gipfelte sein Zustand in eine starke Akutphase.

Bei der Aufnahme in die Klinik wurden wir nicht einmal ins Haus gelassen. Das Aufnahmegespräch fand allen Ernstes im Freien vor der Klinik statt – ich vergesse nie die Panik im Gesicht der Ärztin. Mein Sohn musste dort auch die ganze Zeit Maske tragen. Er wurde täglich getestet und auch ich musste täglich einen aktuellen Test machen, um ihn dort besuchen zu können. Obwohl ich eine Vollmacht hatte, wurde ich kaum über sein Befinden informiert. Schon im Eingangsbereich wurde mir trotz Test von manchem Empfangsmitarbeiter erstmal der Eintritt verwehrt. Ich musste erst lautstark mein Recht durchsetzen, um meinen Sohn sehen zu können; dieses unmenschliche Verhalten werde ich nie vergessen. Ein psychisch kranker Mensch braucht seine Familie!

Ich glaube an Karma – und ich bin sicher, die Leute, die sich derart menschenfeindlich verhalten haben, werden ihre schlechte Energie zurückbekommen.

Die Zerreißprobe – Freunde und Familien

Der Staat verschaffte sich in der Krise mühelos Zugang zur Privatsphäre der Menschen – bis in die Familie hinein. Wie viele Familienmitglieder sich treffen, ob Erwachsene ihre Eltern besuchen oder Enkel ihre Großeltern, war ab sofort nicht mehr „Familiensache“: Das Grundrecht auf Unverletzlichkeit der Wohnung galt nicht mehr. Familienfeiern, an denen mehr Gäste teilnahmen als erlaubt, Hochzeiten und sogar Kindergeburtstage wurden jäh durch Polizeieinsätze unterbrochen.

Weihnachten und Ostern im größeren Familienkreis zu feiern, wurde schlichtweg verboten, ohne dass es einen Aufschrei gegeben hätte. „Wir alle werden eine ganz andere Osterzeit erleben als je zuvor“, verkündete Angela Merkel in einer Ansprache.

„Weihnachten kann man auch online am Rechner feiern, klassische Familienfeste sind doch altmodisch", feierten begeisterte Fans des Totalitarismus auf Twitter die neuen Verbote. Warum sollte ein Staat, der bereits die Grundrechte außer Kraft gesetzt hatte, jetzt nicht auch direkt in die Privatsphäre eingreifen? Ein Staat, dessendröhnender Beschallung man nirgendwo entfliehen konnte, selbst wenn man Radio, Fernsehen und Internet gleichzeitig abstellte – denn spätestens beim Einkauf, auf der Straße, bei Freunden oder in der Familie gab es nur noch das eine Thema. Die Propaganda hatte ihren Weg in die Köpfe gefunden und sich in der Gedanken- und Gefühlswelt der Menschen eingenistet. Und so auch in den Wohnzimmern. Der „besondere Schutz der Ehe und Familien" verlor mit dem Grundgesetz seine Gültigkeit.
Dazu kamen die Belastungen, die den Alltag auf den Kopf stellten; viele Menschen gerieten an ihre Grenzen, unabhängig davon, wie sie zur Coronapolitik standen.

Besonders sozial schwächere Familien litten unter den Maßnahmen. In Plattenbausiedlungen, auf beengtem Wohnraum, in finanzieller Not und mit wenig Entspannungsmöglichkeiten hat die häusliche Gewalt während der Lockdowns zugenommen. Fluchtorte wie Schule, Hort, Verein oder außerschulische Veranstaltungen boten kein Ausweichen mehr.

Beim Zusammenspiel von ständigen Repressionen, mahnender Propaganda und der Sorge um die Zukunft waren Konflikte vorprogrammiert. Erwachsene Kinder beschimpften ihre Eltern als „Schwurbler", weil sie auf Anti-Coronamaßnahmen-Demos gingen. Väter lachten die eigenen Töchter aus, weil sie keine Maske trugen.
Eltern wurden unter Druck gesetzt, sich impfen zu lassen und Freundschaften nach Jahrzehnten mit bösen Worten aufgekündigt. Es existierte nur noch „Schwarz und Weiß", „Gut und Böse". Die veröffentlichte Meinung war erlaubt, und wer sie nicht teilte, war der Feind – selbst in der eigenen Familie.

Verbannt aus der Familie

Jutta, 71, Rentnerin

Ich möchte mir gern meine Erlebnisse mit meinen Kindern und Enkelkindern von der Seele schreiben. Die Ausgrenzungen waren für uns als Oma und Opa sehr schmerzhaft. Die Grenze des Erträglichen wurde für mich häufig überschritten. Mit welchen Mitteln unsere eigenen Kinder versuchten, uns zur Impfung zu überreden, das war fürchterlich.
Zum Schluss war das ultimative Druckmittel, dass wir unsere Enkelkinder nicht mehr sehen dürften. Bis die Kitas und Kindergärten geschlossen hatten und die Eltern und Kinder ständig selbst erkrankt waren – und deshalb auch die Kitas nicht besuchen durften – da waren wir als Großeltern wieder als Babysitter gefragt.

Am schlimmsten waren die Geburtstagsfeiern der Kinder und die Weihnachtsfeiern. Zum Kindergeburtstag des Enkelkindes durften wir nur mit negativem Test erscheinen. Dass wir aber die gesamte Verpflegung, was Kuchen und Essen betraf, mitbrachten, das war selbstverständlich. Das Foto vom negativen Testergebnis mussten wir dem Schwiegersohn vor dem Besuch per Handy übermitteln.
Dann kam die Geburtstagsfeier des Enkelkindes, es war ein Desaster: Die Schwiegermutter meiner Tochter hatte mich beleidigt – sie warf mir entgegen, dass wir als Ungeimpfte die Gefährder sind und sie mit uns nichts mehr zu tun haben wollen. Zudem könnten wir auch nirgends mehr hingehen, in kein Restaurant und auf keine kulturelle Veranstaltung. Stundenlang ging diese Leier!

Wären wir nur nicht zu dieser Feier gegangen. Wir wollten unserem damals 1-jährigen Enkelkind aber eine Freude machen und hielten diese feindselige Stimmung aus. Danach hatte ich mir geschworen, dass ich solche Maßregelungen nicht mehr mitmachen werde. Und dann noch bei der Geburtstagsfeier des kleinen Enkelkindes! Aber ich wollte auch keinen Streit beginnen, aus Rücksichtnahme auf unseren kleinen Enkel und meine Tochter.

Bei der Geburtstagsfeier des zweiten Enkelkindes vom Sohn sind die anderen Großeltern sofort aufgestanden und gegangen, als wir kamen – die Schwiegertochter hat darauf geachtet, dass kein Kontakt mehr stattfindet. Also wollten die mit uns Ungeimpften auch nichts mehr zu tun haben ... Es ist bis heute so.

Wir Großeltern haben uns seitdem nie mehr gesehen.
Besonders schmerzhaft war, dass unsere Tochter uns zu Weihnachten nicht bei sich haben wollte: Sie hatte uns eingeladen, weil das Jahr vorher die anderen Großeltern an Heiligabend bei ihnen gewesen waren. Dann hieß es kurz darauf, dass jetzt doch beide Großelternpaare eingeladen sind, auch der alte Uropa mit 90 Jahren. Ein paar Tage später kam der Anruf meiner Tochter mit der Ausladung zu Weihnachten und der Erklärung, dass wir das doch verstehen müssen: Wenn der Uropa mit 90 Jahren an Weihnachten zu ihnen kommt, würden wir ihn als Ungeimpfte nur gefährden. Wir könnten daher nicht zu Besuch kommen. Da ist mir fast das Herz gebrochen, zumal ich mit meiner Tochter sehr schlimme Zeiten durchgemacht hatte, in denen sie froh war um unsere Unterstützung – ihr erster Mann hatte sich im Alter von 32 Jahren aufgrund von Depressionen das Leben genommen.

So nahm die Spaltung in der Familie in großen Schritten ihren Lauf. Früher hatten wir mit unseren Kindern immer viel unternommen, wie im Sommer gemeinsame Treffen am Badesee, Picknick, Bergwanderungen, Fahrradtouren und vieles mehr.
Alles das gibt es jetzt nicht mehr. Eines Tages vor zwei oder drei Jahren kam aus heiterem Himmel der Anruf meiner Tochter: Wenn wir uns nicht impfen lassen, können wir auch nichts mehr zusammen unternehmen, da sie sich für uns, die ungeimpften Eltern, schämt. Da habe ich heftig geweint.
Ganz zu Beginn der Plandemie durften wir bei unserem Sohn nur bis ans Gartentor kommen. Die Enkelkinder mussten dann sofort ins Haus und sich die Hände waschen. Ich habe die Welt und meine eigenen Kinder einfach nicht mehr verstanden. Ich kam mir vor wie im falschen Film bzw. wie in einem schrecklichen Albtraum.

Meine eigenen Kinder waren bei Beginn der Plandemie innerhalb kürzester Zeit total hirngewaschen und linientreu. Ich verstehe das bis heute nicht, woher der massive Einfluss auf die jungen Menschen kam – und wie destruktiv und zuverlässig er wirkte. Und dann diese krankhafte Phobie vor Corona! Die letzten zwei Jahre waren alle meine Kinder und Enkelkinder nach der Impfung an schweren Nebenwirkungen erkrankt und Corona hatten sie, trotz Booster, auch. Ihr Immunsystem ist komplett dahin. Ständig ist bei denen in der Familie jemand krank – wir ungeimpften Großeltern sind bis heute gesund.

Momentan habe ich das Gefühl, dass meine junge Generation endlich etwas aufwacht und merkt, dass sie nur belogen und als Versuchskaninchen benutzt wurden.
Genau das hatte ich vergebens versucht, ihnen zu erklären. Aber damit wurde ich von der eigenen Familie gleich als Verschwörungstheorikerin, Schwurblerin und Querdenkerin beschimpft ... Das Thema Corona, so wie alle anderen politischen Themen, werden bei uns in der Familie nun totgeschwiegen. Selbst in der Familie gibt es keine Meinungsfreiheit mehr; niemand traut sich noch, politische Themen auch nur anzusprechen.

Der Tod meines Vaters

Anka, 47, Hausfrau

In den schlimmen Jahren mit Corona haben wir so viel Schreckliches erlebt, dass es nur in Häppchen zu ertragen ist. Dem Leser und auch mir ist die ganze Geschichte in einem Stück nicht zuzumuten.
Meine Eltern, die geistig fit und bei bester Gesundheit sind, lebten schon seit einigen Jahren in Ungarn, zusammen mit meiner 95-jährigen Oma. Im Dezember 2021 bekamen sie eine Erkältung. Da sie alle strikt gegen die Maßnahmen waren, gingen sie nicht zum Arzt, da dies ohne Test nicht möglich war. Am 30.12. stürzte mein Vater unglücklich über einen Hocker und blieb

bewusstlos auf dem Boden liegen; beim Aufschlag hatte er wohl Blut gespuckt, das Foto vom Blutfleck am Schrank hatte er mir noch geschickt. Ab diesem Tag schrieb er nur noch völlig wirr über Telegram.

Ich bat ihn, zum Arzt zu gehen, aber seine Angst vor einem Test war so groß, dass er trotz seiner schweren Verletzung zu Hause blieb. Freunde und Nachbarn hatten seinen Zustand wahrgenommen, aber kamen ihn nicht besuchen aus Angst vor Corona. Meine Mutter war anwesend, aber durch die Maßnahmen war ihre Depression wieder voll ausgebrochen und sie hat nicht mitbekommen, was mit ihm geschehen ist. Einige Tage hat er mit den schweren Kopfverletzungen weitergelebt und sogar gearbeitet. In der Nacht vom 1.1. auf den 2.1. hat er meiner Oma plötzlich mitten in der Nacht einen Teller Suppe gebracht. Sie hatte sich noch sehr gewundert – sie war die letzte Person, die ihn lebend gesehen hat. Es war wie ein „Auf-Wiedersehen". Am nächsten Morgen, dem 2.1., wollte mein Bruder ihn wecken, da war er bereits verstorben.

Wegen der schweren Kopfverletzungen leitete die Polizei Ermittlungen ein. Wir wissen nicht, ob er positiv getestet war, aber wir kannten seine Angst vor den Tests, weswegen er ja selbst schwer verletzt keinen Arzt aufsuchen wollte. Es ist daher mehr als unwahrscheinlich. Dennoch stand im Totenschein: „Todesursache Covid" – so kamen sie zu ihren Zahlen.
Wenn er das wüsste, würde er sich im Grab umdrehen.
Ich durfte ihn nicht mehr sehen, wegen Corona war das untersagt und das Räumkommando hat fast alles aus dem Haus entsorgt, auch wegen Corona. Als sie dann noch mit einer Hausdesinfektion anfangen wollten, haben wir uns geweigert, so ein Unsinn! Und die Kosten für das alles mussten wir natürlich auch tragen.

Am 3.1. wurde meine Mutter ins Krankenhaus verbracht und das Drama nahm seinen Lauf. Die Unmenschlichkeit dort übertrifft alles, was ich mir je vorstellen konnte. Ich kann einfach nicht glauben, wozu Menschen fähig sind. Meine Oma hat dieses Desaster nicht überlebt. Sie hat das alles zu sehr aufgeregt. Sie hat immer gesagt, „Lasst euch nicht impfen!". Nachdem sie dann Corona hatte, sagte sie „Na, wenn das alles ist?" Drei Tage lang hatte sie Fieber, das war es. Mit 95 Jahren hat dieser liebe Mensch, eine Frau, die den Holocaust überlebt hat, nach einem Herzinfarkt im Februar 2022 ihre Augen für immer geschlossen. Wenn ich mich wieder gefasst habe, berichte ich im nächsten Teil weiter, was ich alles mit meiner Mutter in den Krankenhäusern und Pflegeheimen erleben musste.

Eine Familie im Lockdown

Mathias, 52, Rechtsanwalt

Wir sind eine kunst- und kulturbegeisterte Familie. Meine Kinder singen im Chor, spielen Klavier und Kalimba, toben sich aus beim Fußball oder Cheerleading und treffen täglich ihre vielen Freunde. Als Rechtsanwalt bin ich gut ausgelastet und habe ein volles Tagespensum.

Die Jüngeren waren in der Grund- und in der Vorschule, meine große Tochter war gerade in der Oberstufe, als der erste Lockdown über uns hereinbrach. Sämtliche Freizeitaktivitäten standen plötzlich still, der Chor traf sich nicht mehr, Sport- und Musikunterricht fielen aus, alle Vereine blieben geschlossen. Ich versorgte ab sofort zu Hause alleine die Kinder, meine Frau, die damals gerade eine Teamleitung übernommen hatte, verließ morgens vor fünf Uhr das Haus und konnte erst nach Feierabend unterstützen.

Ich stand um 6.00 Uhr auf, um schon möglichst viel vom Schreibtisch wegzuschaffen, aber die Zeit war knapp, denn die Kinder sollten auf so wenig wie möglich verzichten. Ich ersetzte den Klavierlehrer, was möglich war, da ich selbst ganz gut Klavier spiele, wir sangen regelmäßig und trainierten Fußball – nur beim Cheerleading, da konnte ich nicht helfen.

Wir haben gegen die Kontaktregeln verstoßen, damit unsere Kinder weiter ihre Freunde treffen konnten und wenigstens einen Teil ihres Soziallebens behielten. Dennoch waren die plötzlichen Entbehrungen und Umstellungen hart – für uns alle. Ich zerriss mich zwischen Telkos, Videokonferenzen – meinen eigenen und denen der Kinder – zwischen Schulaufgabenzetteln und Akten, zwischen Gerichtsfristen und Bewegungseinheiten für die Kleinen an der frischen Luft. Als ich dann endlich zum konzentrierten Arbeiten kam, dauerte es bis in die Nacht. Es ging mir nach einigen Monaten richtig schlecht, denn ich hielt der neuen Belastung kaum stand.

Nachvollziehbar war für mich noch, dass am Anfang der Pandemie die Politiker so rigoros reagierten, da sie ja vor einer völlig neuen Situation standen.

Doch anstatt die richtigen Schlüsse zu ziehen und künftig auf die Eigenverantwortung der Menschen zu setzen, blieben die Maßnahmen. Der „Lockdown-Light" und der Herbstlockdown waren durch nichts mehr gerechtfertigt. Das Versprechen, dass mit der Verfügbarkeit eines Impfstoffs die Kontaktbeschränkungen aufgehoben würden, war vergessen und das war fatal. Meine Kinder waren von Oktober bis Mai nicht in der Schule, auch im Wechselmodell nur 1–2 Stunden alle paar Tage oder ganz zu Hause, sobald es einen Corona-Fall in der Schule gab. Meine große Tochter, die inzwischen bei meiner ersten Frau lebte, sah ich immer seltener, es war ohnehin schon eine Distanz zwischen uns eingetreten und der Lockdown verschlimmerte diese noch – die Entfremdung war krass.

Kunst und Kultur sind mir sehr wichtig, sie sind der soziale Kitt in der Gesellschaft, bringen die Menschen zusammen. Was wäre die Gesellschaft ohne Kultur und die Begegnungen, die daraus entstehen? Als den Künstlern von #allesdichtmachen nur Hass und Ablehnung entgegenschlug, weil sie die Entscheidungen der Regierung kritisierten, war ich entsetzt. Sie leugneten ja nicht die Existenz des Virus, noch nicht einmal die notwendige Vorsicht, sondern sagten ihre Meinung und machten auf ihre Not aufmerksam und darauf, wie arm eine Gesellschaft ohne Kultur aussieht. Als Reaktion darauf zu hören:

„Die sollen nie mehr auftreten dürfen!“, war unerträglich. Und viele der Künstler knickten auf den Druck hin ein, entschuldigten sich öffentlich dafür, dass sie ihr Recht auf freie Meinungsäußerung wahrnahmen. Checks and Balances? Fehlanzeige!

Und wo war die Opposition, als Jens Spahn die Maßnahmen ungeprüft weiter aufrechterhielt? Statt zu widersprechen, forderte sie immer noch mehr Menschenrechtsverletzungen, während die Journalisten die Beschränkungen einhellig guthießen und gar nicht genug davon kriegen konnten. Es machte mich wütend, dass niemand kritisch hinterfragte, denn wir litten ja alle darunter. Die einzige Ausnahme war Boris Reitschuster, mit dem ich zwar politisch absolut nicht einer Meinung bin, aber was er sich alles anhören musste, nur weil er die Regierung kritisierte und damit fast als einziger die Aufgabe der Vierten Gewalt wahrnahm? Erschreckend.

Meine Kinder haben die Zeit zum Glück gut überstanden, obwohl es damals schwer war. Wir wohnen fernab von Berlin im Grünen, um unser Haus liegt ein großer Garten und der Wald ist gleich nebenan. Das hat uns gerettet. Wie aber ging es den Familien im Plattenbau, die nicht so privilegiert sind? Die häusliche Gewalt hat dort zugenommen, das ist bekannt und die seelischen Erkrankungen der Kinder, so berichtete mir eine befreundete Kinderpsychologin, haben allgemein dramatisch zugenommen.

Die Familie ist die Keimzelle der Gesellschaft, und sie wurde in den letzten Jahren empfindlich angegriffen. Ohne soziales Leben, Kunst, Kultur und offenen Diskurs zerfällt die Gemeinschaft. Das alles aufzuarbeiten, ist wichtig und wird noch lange Zeit dauern.

Meine Töchter gingen durch die Hölle

Irina, 48, selbständig

Ich bin Mutter dreier Töchter, zu Beginn der Pandemie waren sie 7, 12 und 14 Jahre alt. Was sie in den letzten Jahren erleben mussten, ist schmerzhaft und macht mich heute noch fassungslos. Nicht nur wurde ihnen von heute auf morgen ihr Schulalltag, ihre Freunde und ihre unbeschwerte Freizeit genommen – sogar die eigene Verwandtschaft hat sie gedemütigt und drangsaliert.

An Weihnachten 2021 durften meine Mädchen nicht zu Besuch zum Vater und den Großeltern kommen, weil sie sich nicht testen lassen wollten. Sie waren gesund. Die Verwandtschaft setzte die Mädchen immer und immer wieder unter Druck, sich endlich impfen zu lassen. Weder wurden ihre Sorgen ernst genommen, noch ihre Nöte.

Im Sommer 2022 waren wir im Zoo, innerhalb der Gebäude herrschte Maskenpflicht, woran sich nur noch wenige Besucher hielten. Der Vater der Kinder war überzeugt vom 2G-Modell und ärgerte die Mädchen damit, dass sie nun überall draußen bleiben mussten. Der Vater hat die Kinder ohne Maske nicht hineingehen lassen, sondern ihnen stattdessen von innen noch hämisch „Ätsch"-Kommentare zugerufen.

Der Kontakt und die Beziehung zum Vater haben sich immer weiter verschlechtert. Meine 15-Jährige fragte mich vor kurzem, ob sie ihn noch Papa nennen muss.

Was nicht unmittelbar unsere Familie betrifft, aber meine große Tochter traurig macht: Sie hat ihre beste Freundin verloren, weil deren Familie das Mädchen zwei Jahre lang rigoros einsperrte. Da der Rektor unserer Schule ebenfalls Coronaphobiker ist, hatte das keinerlei Konsequenzen. Das Mädchen bekam Depressionen, kehrte nur noch kurz an die Schule zurück und hat sich danach komplett zurückgezogen.

Auf Nachrichten reagiert sie nicht mehr. Besonders tragisch: Sie sollte auf die kranke Oma Rücksicht nehmen, die sich vor Corona fürchtete. Am Kettenrauchen hinderte die Angst sie jedoch nicht. Die Oma verstarb in der Zwischenzeit. Das Mädchen durfte trotzdem nicht aus dem Haus. Denn nun musste der Opa geschützt werden. Dass eine Behörde wegen Kindeswohlgefährdung dort eingriff?
Chancenlos.
Was Schulschließungen und Maßnahmen mit den Kindern machten, wurde nicht einmal wahrgenommen. Die Kinder wurden in der Schule ohne Maske nicht ins Gebäude gelassen. Meine damals 14-jährige Tochter verbrachte Wochen auf dem Schulhof und konnte nicht am Unterricht teilnehmen, weil sie unter der Maske an Schwindel mit Ohnmachtsanfällen litt. Meine große Tochter bekam unter der Maske Migräne.

Ein Arzt, der ihnen wegen der nachweislichen Symptome und der Migräne ein Maskenattest ausstellte, war nicht zu finden, da, wie eine Ärztin formulierte, die Politik(!) „das nicht wünsche". Ein Neurologe betitelte sie gar als „Psycho", schließlich müsse er auch den ganzen Tag Maske tragen und hielte es aus.
Ein Arzt hat meine Töchter bei einem Termin ungefragt und ziemlich übergriffig über die Impfung „informiert". Die Informationen bestanden daraus, dass er ihnen Horrorgeschichten von jungen Frauen mit schweren Verläufen erzählte, die „hier überall auf den Intensivstationen liegen". Er sagte, Nebenwirkungen gäbe es so gut wie nicht. Und Myokarditiden seien harmlos und gut behandelbar. Alles andere seien Lügen von Querdenkern. Da ist mir der Kragen geplatzt.

Meine jüngste Tochter hat vom Beginn des 2. Halbjahres der 2. Klasse bis zum Ende des 4. Schuljahrs keinen normalen Unterricht erlebt. Zu Schulzeiten war der Schulhof in Areale abgesperrt. Sie konnte so nicht mehr mit ihrer besten Freundin spielen und hat darunter sehr gelitten. Ebenso litt sie unter den ständigen Schulschließungen. Seitdem hat sie große Verlustängste und klammert sich an ihre Freundinnen.

An Lernen war lange nicht zu denken. Sie hat sich zurückgezogen, obwohl sie vorher eine wissbegierige und eifrige Schülerin war. Das Lesen und Schreiben hat sie sich zuhause selbst beigebracht.
Ihre Mathedefizite bekommt sie immer noch nicht in den Griff und leidet darunter. Allerdings macht sie auch dicht, wenn man sie ermuntern will, sich mit Mathe zu befassen. Wir haben deshalb besprochen, dass es nicht schlimm ist und nicht ihre Schuld. Und dass sie nicht dumm ist. Dumm sind Politiker, die Kindern verbieten, zur Schule zu gehen. Und für das seelische Leid der Kinder will niemand verantwortlich sein.

Die Freunde haben mitgemacht

Stefanie, 54, Mitarbeiterin bei einer Krankenkasse

Ich habe mich lange dagegen gewehrt, dass Freunde sich durch äußere Ereignisse voneinander trennen lassen. Den Dialog mit Andersdenkenden fand ich immer notwendig und sinnvoll. Je nachdem, aus welchem Blickwinkel wir Dinge betrachtet hatten, ergaben sie für jeden einen unterschiedlichen Sinn. Wir waren weniger egozentrisch, konnten mehr mit anderen mitfühlen.

Das erste Mal, dass ich unverrückbare Gräben wahrnahm, war bei den Reaktionen auf #alles dichtmachen (es gab vorher schon Konflikte, aber man konnte noch darüber sprechen). Ich meinte, so geht man nicht mit anderen Menschen um. Die Antwort: „Doch, das ist schlechte Kunst", verstörte mich.
Danach kamen Drohungen gegen Ulrike Guérot und Ausschlüsse diverser Künstler aus dem gesellschaftlichen Leben. Was für Tonfälle sind das eigentlich? Es gab auch die letzten Jahre Polarisierungen, aber nicht in dieser Ausschließlichkeit. Ich habe es vermutlich später gemerkt als viele andere, ich wehrte mich dagegen, nicht mehr auf der richtigen bürgerlichen Seite zu stehen. Einige Berichterstattungen fand ich früher schon problematisch. Aber ich brachte entschuldigend an, na ja, man sollte natürlich für das Gute sein,

auch wenn es sich wirtschaftlich nicht immer umsetzen lässt. Solidarleistungen können zur Verfügung gestellt werden, wenn sie vorher erarbeitet wurden.

Mitte 2021 konnte ich nicht mehr wegsehen: Wir durften nicht mehr anders denken. Vielmehr, wer eine andere Meinung hatte, dessen Gründe waren völlig egal, er wurde übel beschimpft, verhielt sich unsolidarisch – Freiheit war das Unwort des Jahres – und wurde ausgegrenzt. So viel Häme und Spaltung kam von der Politik, Prominenten und Medien über uns. Das Schlimmste: Die meisten in der Familie und im Freundeskreis haben so getan, als ob sie es nicht mitbekommen, haben die Diffamierungen relativiert oder mehr oder weniger mitgemacht.

Im Büro war man natürlich für die gute Sache! Ich habe keine „Schwurbel-Gedanken" geäußert. Allein dadurch, dass ich aus persönlichen Gründen ungeimpft war, wurde plötzlich alles anders. Der Kollege, der vom Impfbus zurückkam, war mehrere Tage der Held, die anderen verkündeten froh ihre Impftermine. Die meisten bekamen ständig Push-Nachrichten über neue Horror-Tote auf ihr Handy, es machte immer „ping, ping" und sie versuchten, an mir vorbeizuschauen. Alle Kollegen im Großraumbüro hörten nach und nach auf, mit mir zu sprechen. Fragen wurden nur noch an bestimmte Personen gestellt, um zu verhindern, dass ich antworten kann. Obwohl abgesprochen war, das Radio auszustellen, war es plötzlich wieder an, weil man wusste, dass ich damit nicht klarkam.

Meine Widerstandskräfte waren bald aufgebraucht, ohne Worte zog ich in ein leer stehendes Büro, alles war besser als das bleischwere Schweigen. Dort saß ich von Dezember 2021 bis April 2022. Es gab noch eine Frau, die sich manchmal zu mir setzte. Niemanden hat der Vorfall interessiert: weder den Teamleiter noch den Personalrat, noch Gewerkschaften.
Beim Eingang in der Geschäftsstelle hing ein Schild: Grün: Geimpft, Gelb: Getestet, Rot: Ungetestet, draußen bleiben! Ich blieb aber schön leise; die Abstimmung zur allgemeinen Impfpflicht hing wie ein Damoklesschwert über

uns. Aber wir durften weiter arbeiten, im Gegensatz zum Pflegepersonal und zur Bundeswehr. Ich erwarte die juristische Aufarbeitung und hoffe, diese wird bald beginnen.

Ende 2021 kehrte Stille ein, Kontakte nahmen ab, Familienbesuche wurden vertagt. Sicher, alle Menschen hatten Angst. Ich war stolz auf einen teilweise links angehauchten Freundeskreis. Wie viele Jahre haben sie mir von Anti-Diskriminierung erzählt! Insbesondere von dieser Seite wurde ich fallen gelassen. Ich weiß von drei Impfnebenwirkungen. Aber: Keine Kritik, wir sind für die gute Sache.

Unser Weg aus der Coronapanik

Ken, 45, IT-Berater

Schon lange vor Corona standen wir der Regierung der Bundesrepublik äußerst kritisch gegenüber.
Aber man hat sich arrangiert. Über die Runden gekommen ist man immer; auch die Krise 2008 haben wir trotz enormer Verluste gemeistert. Mit Beginn der „Pandemie“ wurde im vereinigten Wirtschaftsgebiet jedoch rasant alles immer absurder und faschistischer. Denunziation, Herabwürdigung und persönliche verbale Angriffe gehörten plötzlich zum alltäglichen Prozedere.
Selbst Menschen, die wir bis dato sehr geschätzt haben, zogen plötzlich tiefe Gräben. Nachbarn flogen mit Drohne über die Grundstücke, um zu schauen, wer gegen die Kontaktbeschränkungen verstieß, Freunde keiften uns an, wir seien schuld, dass die Kinder in der Schule weiterhin Maske tragen müssten, dass wir Oma-Mörder seien usw. ...

Treffen mit der Familie, mit Freunden und Bekannten wurden mehr und mehr zum Tanz auf rohen Eiern. Die Menge an sozialen Interaktionen wurde aus eigener Entscheidung reduziert. Nur wenige hatten Verständnis. Die Mon-

tagsspaziergänge wurden von der Antifa und Lehrern unseres Gymnasiums als Gegendemonstration begleitet.
Die vorgeschriebenen Tests unserer schulpflichtigen Tochter durften wir in Brandenburg selbst durchführen und bestätigten dies mit einer elterlichen Unterschrift.
Ständig änderten sich die Bedingungen und Intervalle diesbezüglich.

Der Tag der Zeugnisausgabe 2021 war plötzlich entgegen den Ankündigungen vorausgegangener Tage doch ein Testpflichttag und unsere Unterschrift war nicht gegeben. Eine Anfrage der Schule, ob sie den Test an unserer Tochter ohne unser Beisein vornehmen dürfen, wiesen wir ab. Somit war unsere Tochter die Einzige, die nicht bei der Zeugnisausgabe und auch nicht bei der Verabschiedung der Klasse in die Sommerferien dabei sein durfte. Andere Mädels fälschten schnell auf dem Klo die Unterschrift ihrer Eltern. Unsere Tochter machte einfach nicht mit und wartete vor dem Schulgelände auf ihre Freundinnen, um in die Ferien zu starten.
Auch im neuen Schuljahr stand die Hysterie und Gängelung der Kinder weiter auf der Tagesordnung. Das Lehrerkollegium wie auch das Direktorat reagierten auf unsere Schreiben bezüglich der vermissten Garantenpflicht und Garantenstellung, so wie es in Diktaturen erwartbar und in einem Rechtsstaat nicht akzeptabel ist – nämlich gar nicht. Wir erhielten keine Reaktion, außer von der Klassenlehrerin: „Bei Ihnen weiß ich ja, woran ich bin."
Von weiteren Schreiben hat mir ein befreundeter Oberstaatsanwalt abgeraten. Zitat: „Fühlt sich ein Lehrbeamter bedrängt und Ihr habt ihn rechtlich in die Enge gedrängt, wird er ganz sicher zurückbeißen, bis hin zum Informieren des Jugendamtes. Disziplinarverfahren wirken sich stets enorm nachteilig auf die eigene Karriere aus."

Das war uns dann doch zu gefährlich, zumal hier in Brandenburg noch viele der alten Stasi-Granden an den Schaltstellen der Ämter und Behörden ihren Dienst tun. Also haben wir unseren langersehnten Traum verwirklicht und sind nach Skandinavien ausgewandert. Wir haben es bis heute keinen Moment bereut. Berufsbedingte Reisen in die Bundesrepublik sind mir heute ein wirklicher Gräuel. Selbst wenn wir es in 20 Jahren vielleicht körperlich nicht mehr schaffen, den Hof hier in Schweden zu bewirtschaften und ihn irgendwann verkaufen, bringen uns keine zehn Pferde zurück in die alte Heimat. Die Welt ist groß und Deutschland ist nach unserer Auffassung ein altes, behäbiges Schiff mit Jahrzehnten an Investitionsstau. Kaputt, abgewirtschaftet und keinesfalls reformierbar.

Menschlich ist unfassbar viel Porzellan zerschlagen worden. Nach all dem Wahnsinn der letzten Jahrzehnte hat die BRD schonungslos aufgezeigt, wie einfach frühere Diktatoren ein Gros der Gesellschaft in eine menschenunwürdige Richtung beeinflussen konnten. Es kostet nicht viel, das habe ich bei all meinem Unverständnis über die Ignoranz der Bevölkerung doch sehr schmerzlich lernen dürfen. Ein hochinteressantes Gesellschaftsexperiment – fürwahr ...

Ganz normale Feindschaft

Daniel, 42, Facility-Beauftragter

Schon mit Beginn der Hysterie verwirrte mich die Panikmache, wobei die Inzidenzzahlen gar keinen Anlass für Lockdown und Ausgangssperre gaben. Zu Zeiten der Ausgangssperre verwirrte mich dann weiter, dass wir abends nur einen Gast empfangen durften und morgens vollgepackte Busse und S-Bahnen abfuhren. In öffentlichen Bereichen wurde jeder zweite Sitz gesperrt, doch im ÖPNV gab es kein Corona. Zudem wurde in unserer Innenstadt, durch die eine etwa zwei Kilometer lange Straße führt, ein Abschnitt von rund 200 Metern mit der Maskenpflicht ausgewiesen. Wie absurd.

Regionale Politiker (Landratsamt, Bürgermeister usw.) fingen an, sich mit Postern in der Hand ablichten zu lassen, mit der tollen Information „Impfen? Ja klar, wenn ich dran bin!“. Zu diesem Zeitpunkt war ein „Impfstoff“ nicht zu erwarten – wieder wurde ich skeptisch und begann, mir Informationen zu suchen und diese auf Facebook zu posten, da eine objektive Bewertung in den Mainstream-Medien schlichtweg nicht stattfand. Man beklatschte alles, was von „oben“ kam. Als dann urplötzlich doch ein Impfstoff herauskam und Millionen an Dosen geordert wurden, war ich schon fast komplett raus aus der Plandemie. Mit meinem Aufbäumen gegen die ganze Coronapolitik und die Berichterstattung begann die Spaltung der Gesellschaft auch bei mir zu Hause.

Mein Freund hatte sich direkt beim ersten Schwung Gen-Plörre von seinem Arbeitgeber impfen lassen. Daheim am Tisch mit seinen Eltern wurde ich von allen Dreien bequatscht. Es wäre doch so sozial und wichtig, sich konform zu verhalten.
So rettet man Leben – nicht nur das eigene, auch das der Menschen im Umfeld. Meine Gegenargumente wollte keiner hören. Die „Coronaleugner“ wurden erfunden. Schlussendlich ist die Beziehung dann auch nach einem Jahr voll Reibereien nach sieben Jahren zu Bruch gegangen. Die gemeinsame Wohnung wurde gekündigt, ich zog in eine eigene.

Es war eine sehr harte Zeit. In der Arbeit wurde bei mir 3G eingeführt. Ich wurde zum Pandemiebeauftragten ernannt. Was ein Glück für alle anderen, denn ich hatte mich zu testen und dies gegenüber meinem Arbeitgeber nachzuweisen. Es war eher eine lockere Überwachung, sodass ich selbst sehr selten Tests machen musste. Der große Vorteil dieses Postens war, ich fand Gleichgesinnte unter den Kollegen. Es gab tatsächlich noch ein paar normale Menschen ... noch heute haben wir eine WhatsApp-Gruppe, in der wir uns austauschen.
Bis dahin hatte ich persönlich keine schlimmen Sachen erleben müssen. Ich konnte mich den ganzen Bestimmungen entziehen. Dankbar bin ich heute dafür, dass mir der geliebte Gang in eine Bar nicht mehr abgeht. Der Gastronomie rechne ich auch große Schuld zu. Was habe ich für die Öffnung der Gastronomie getrommelt, war auf einer Demo gegen die Coronamaßnahmen – und die geliebten Stamm-Gastgeber wandten sich von mir ab oder ignorierten mich. Alle hielten die Füße still.

Aber das sollte natürlich auch für mich nicht so harmlos bleiben: eine Freundin – konform von Anfang an – erboste sich über meine Posts auf Facebook. Sie „distanziere" sich von dem, was ich da schreibe, kommentierte sie. Daraufhin habe ich sie blockiert. Zwei Wochen später traf ich sie auf dem Gehweg. Ich erklärte ihr, dass ich auf Leute verzichten kann, die sich von mir distanzieren wollen.

Sie meinte dazu: „Ich habe nur geschrieben, dass ich mich von deinem Post distanziere". Ich schwieg und musste nicht lange warten, bis sie ihr wahres Gesicht zeigte: „Außerdem ...", setzte sie an, und dann ging es los: Plötzlich sprach sie in der „Ihr"- Form und griff mich offen feindselig an: „Ihr könnt Deutschland einfach verlassen, wenn Euch was nicht passt! Wenn es woanders besser ist! Und Du bekommst auch noch Deine Spritze!" Ich hielt den Atem an, als ich den blanken Hass in ihrem Gesicht sah.

„Wow", dachte ich, das hat sie jetzt nicht wirklich von sich gegeben ...!

Den nächsten Hammer erfuhr ich bei der Arbeit. Als Facility-Beauftragter hatte ich viel mit Gewerken zu tun. Eigentlich waren es fast ausnahmslos 4–5 Firmen, die ständig vor Ort waren. Eine Firma und zwei bestimmte Mitarbeiter meldeten sich telefonisch an – ich sagte, dass ich gleich zum Einsatzbereich komme, wo die beiden eine Instandsetzung zu erfüllen hatten. Ich war nett, nahm drei Kaffees in die Hand – zu jeweils 0,80 EUR und begrüßte sie. Irgendwie ging es dann um die aktuelle Lage in den Krankenhäusern. Einer der beiden meinte: „Ich würde die Ungeimpften einfach nicht behandeln, ich würde sie verrecken lassen." Tja, der hat mir in dem Moment schlichtweg den Tod gegönnt. Das war natürlich der letzte Kaffee ...

Aber das sollte auch nicht der letzte Hammer sein. In einer Bar lernte ich einen netten Typen kennen. Eigentlich war zu dem Zeitpunkt 2G angesagt, aber irgendwie war man in dem Laden nicht so organisiert. Ich traf mich mit ihm und einem seiner Freunde ein paar Tage später. Er ist Lehrer und hatte einen Kollegen dabei. Natürlich kam das Thema „Impfung" auf. Das Problem des

Lehrers war, dass sein Kollege nicht geimpft war und sich nicht impfen lassen wollte. Ich bin natürlich gleich auf dessen Seite gerückt und habe ihn in seiner Meinung unterstützt. Da nahm der Typ sein Handy und zeigte mir die Lauterbach-Ansage „Pandemie der Ungeimpften". Er versuchte, mir zu erklären, was für einen großen Fehler ich mache.

In dem Moment habe ich auf den Tisch gehauen und gesagt, wenn das Thema jetzt nicht beendet wird, gehe ich. Das wollte er dann auch nicht, und so konnten wir den Abend weiter zu viert verbringen. Aber der Kerl hatte mir noch was zu sagen.
So kamen dann ein paar Tage später erste Sprachnachrichten. Ich zitiere: „... Das ist keine Privatsache mehr, das Impfen. Hätten wir so wie in Portugal eine Impfquote, dann hätten wir die Maßnahmen, die wir jetzt haben, nicht mehr. Der Bundespräsident, der Söder, die Merkel, alle haben an Eure Vernunft appelliert!" Nachdem ich eine ganze Weile mit ihm diskutiert hatte, kam dann auch der Spruch „Wegen Euch Ossis sind die Krankenhäuser voll!" – „Lass Dich impfen!" Aber das war alles noch verkraftbar. Noch konnte ich für mich entscheiden, was ich tue und was nicht. Somit habe ich die Plandemie mehr oder weniger an mir vorbeiziehen lassen.

Doch auch das nahm ein abruptes Ende. Und zwar genau an dem Tag im Dezember 2021, als Söder verlauten ließ, man müsse sich im Ministerium über eine Impfpflicht für Kinder unterhalten. Das traf mich wie ein Hammerschlag und macht mich heute noch traurig. Die Bilder, die mir durch den Kopf gingen, waren schmerzhaft, ja unerträglich. Also entschied ich, mich zu vernetzen und mit auf die Straße zu gehen.

Ich habe wunderbare Menschen kennengelernt und war später auch richtig lautstark dabei. Auf meinem ersten Spaziergang in der Stadt wurde ich direkt als Veranstaltungsleiter identifiziert. Als die Anhörung kam, schrieb ich, dass ich keine Ahnung hatte, was die Leute dort machen und ich an besagtem Tag keine Veranstaltung geleitet oder besucht habe. Ich habe danach nie wieder was davon gehört.

Meinen teilweise geimpften Freunden habe ich nur gesagt, dass ich hoffe, dass sie nicht das schlimmste Zeug bekommen haben. Ich vergesse und verzeihe nicht!
Ich bin kein wahnsinnig gebildeter Mensch und konnte diese große Lüge und das Verbrechen an der Menschheit durchschauen – insofern erwarte ich das auch von meinen Mitmenschen.

Von Freundinnen verlassen

Catherine, 51, Fremdsprachenkorrespondentin

In der Coronazeit habe ich zwei Freundinnen verloren, nach 26 Jahren. Nur, weil ich die Gentherapie abgelehnt habe. Wir haben uns persönlich nicht über das Thema unterhalten, ich habe nicht politisiert, nicht versucht, zu argumentieren oder ihnen meine Meinung aufzuzwingen. Allein mein Status als Ungeimpfte war für beide genug, die Freundschaft zu beenden.

Die erste Freundin wollte keine Treffen mehr, nicht einmal im Wald spazieren gehen oder draußen im Biergarten sitzen. Sie hat sich dann einfach nie wieder gemeldet. Meinen WhatsApp-Status schaut sie hin und wieder an, aber der Kontakt ist bis heute komplett abgebrochen. Dabei hat sie meine Tochter, heute 28 Jahre alt, in den Armen gehalten, als sie geboren wurde – so lange kennen wir uns schon.
Die andere Freundin hat unsere Beziehung ganz direkt beendet. An Weihnachten erhielt ich eine Karte, auf der stand: „Mein Mann ist nun seit acht Wochen im Krankenhaus und wir erleben hautnah, was die Corona-Pandemie für Krankenhäuser bedeutet, deren Lage insbesondere und – aus meiner Sicht – ohne vernünftigen Grund durch Ungeimpfte verschärft wird. Die Auswirkungen für Patienten und deren Angehörige sind im Sinne des Klinikalltags nachvollziehbar, aber schier unerträglich. Mir ist bewusst, dass wir hinsichtlich impfen und vielleicht auch anderer uns auferlegter Zwänge, vollkommen

gegensätzlicher Meinung sind. Mir fehlt aber das Interesse, der Wille und vor allem die Kraft, mich auf irgendwelche Diskussionen einzulassen."

Traurig, dass ich nie die Möglichkeit hatte, ihr mein Mitgefühl mitzuteilen, für das, was sie in ihrer Situation erleben musste und dass ich es auch unerträglich fand, was den Menschen angetan wurde. Denn für sie war von vornherein klar, dass die Nicht-Therapierten Schuld an der ganzen Misere sind. Ich habe 2021 zwischen den Feiertagen sehr viel geweint und es geht mir bis heute nach, wenn mir diese Karte meiner ehemals guten Freundin in die Hände fällt. Ja, ich habe sie noch, obwohl ich sie schon wegwerfen wollte. Ich habe sie im Schuhschrank im Treppenhaus aufbewahrt, außerhalb der Wohnung, es waren einfach zu schlechte Schwingungen. Ich wollte sie nicht in meinen vier Wänden haben. Aber sie ist ein Zeitdokument und ich werde sie behalten. Ich habe nur kurz darauf geantwortet, nämlich, dass mich diese Karte tief verletzt hat. Mehr nicht.

Diese Freundschaften haben ein bitteres Ende genommen und ich kann mir nicht vorstellen, sollte doch irgendwann eine Annäherung stattfinden, sie weiterzuführen. Denn eine Freundschaft, die eine andere Meinung nicht zulassen und aushalten kann, sogenannte Freundinnen, die einen ohne Gespräch schon verurteilen, auf die kann ich verzichten.

Für die Opfer, die lebenslang mit schweren Nachwirkungen zu kämpfen haben, für die Angehörigen, die Familienmitglieder unmittelbar nach der Injektion verloren haben, gibt es jedoch keinen Trost. Es gibt keine Entschuldigung und keine Rechtfertigung für Menschen, die aus Angst vor Repressionen gegen ihr Gefühl gehandelt haben und dem wahnsinnigen Druck nicht standhalten konnten.

Die erhoffte Lockerung der Maßnahmen sah so aus, dass Ungeimpften der Zugang zum öffentlichen Leben wie Gastronomie, Freizeiteinrichtungen, Unis und zu öffentlichen Verkehrsmittel weiterhin versperrt blieb. Arbeiten gehen durfte man, Lebensmittel kaufen auch, natürlich nur mit Maske. Auch für die Geimpften erfüllte sich die Hoffnung, die Maske ablegen zu dürfen, nicht. So gut schützte die Impfung dann doch nicht. Abends zur Entspannung konnte man Karl Lauterbach bei Anne Will bewundern – und dann hoffentlich, endlich: gehorchen. Im November 2021 empfahl die STIKO die „Auffrischungsimpfung", da Studien zeigten, die Wirkung ließe nach etwa sechs Monaten nach. Spätestens da hätte sich jeder fragen müssen, was denn eine Impfung taugt, die man jedes halbe Jahr wiederholen muss?

Die „2G-Regel", die ab November 2021 galt, machte die Spaltung zwischen „Geimpften und Ungeimpften" für jeden sichtbar. Diejenigen, die die Spritze ablehnten, setzte die Regierung so zusätzlich unter Druck. Es wurde über Verlust der Arbeitsberechtigungen, Ausschluss aus der Gesellschaft und Tyrannei der Ungeimpften diskutiert. Weihnachtsmärkte, vor denen in Reih und Glied Polizisten standen und zu denen Menschen nur mit 2G-Bändchen Zutritt gewährt wurde, erschienen wie aus einer anderen Welt.

Immer mehr Berichte erreichen mich, in denen Menschen erzählen, wie Familienmitglieder, Arbeitskollegen oder Freunde nach der Corona-Impfung schwer erkrankten. Angesichts der hohen Zahl von Impfschäden kommen auch die öffentlich-rechtlichen Medien nicht mehr umhin, das Thema aufzugreifen. So berichtete die Tagesschau am 03.08.2023 über den mühsamen Kampf der Opfer um Entschädigung – nicht ohne zu betonen, wie selten solche Fälle sind.

Wären es tatsächlich „Einzelfälle“, und würde nicht ein immenses Interesse an Aufarbeitung bestehen, würden die Medien, die mit ihrer Hetze gegen Ungeimpfte zahllose Menschen ins Unglück getrieben haben, tunlichst schweigen. Je nachdrücklicher die Forderung nach Aufklärung und Aufarbeitung, desto schwieriger wird es für die Verantwortlichen, auszuweichen. Mit einem zaghaften Zurückrudern und einzelnen Schuldeingeständnissen wird sich niemand zufriedengeben, dessen Leben zerstört wurde. Die persönlichen Geschichten geben einen direkten Einblick in das Leid der Betroffenen; das tatsächliche Ausmaß an Folgen der Impfung ist bei weitem noch nicht abzusehen.

Eine Krankenschwester warnt

Renate, 42, Krankenschwester

Als Krankenschwester habe ich über 20 Jahre auf der Intensivstation gearbeitet. Eine Großdemo am 11.12.2021 in meiner Stadt wurde umrahmt von einem Interview, das ich zuvor gegeben hatte. Topthema war natürlich meine Beobachtung zu den gehäuften Erkrankungen junger Menschen nach der Impfung gegen Covid-19.
Ich war frustriert, da meine Hinweise und Nachfragen bei Oberärzten und Stationsärzten, ob es sich dabei um Nebenwirkungen handeln könnte, jedes Mal mit einem „nein“ beantwortet wurden. Was mich dabei irritierte, war der Aspekt, dass die Impfung als Ursache erst gar nicht in Erwägung gezogen wurde.

Ich habe den Weg in die Öffentlichkeit benutzt, um zu warnen, darauf hinzuweisen, dass die Zahlen zu den Impfnebenwirkungen und/oder Coviderkrankten nicht korrekt sind bzw. nicht korrekt sein konnten. Die Geschäftsleitung bekam das natürlich mit. Mitten im Spätdienst rief man mich zum Personalmanager, der mir dann erklärte, dass ich ab sofort widerruflich freigestellt bin. Zudem erhielt ich ein sofortiges Betretungsverbot für alle Gebäude und das gesamte Gelände.

Meine Patienten (davon eine Beatmung, mit der ich gerade vom Notfall-CT gekommen bin), für die ich die Betreuung an diesem Spätdienst hatte, durfte ich weder an einen Kollegen übergeben, noch erlaubte man mir, meine Eintragungen zu vervollständigen. Auf der Stelle musste ich meine Schlüssel, die Personal- und Mitarbeiterparkkarte abgeben, den Umkleideschrank leeren, mein Mitarbeiterfach räumen – und Tschüss!
Im Gegensatz zu meinen Kollegen war und bin ich ungeimpft. Die widerrufliche Freistellung wurde zwei Monate später in eine unwiderrufliche Freistellung umgewandelt.

Ein großer Artikel in unserem Regionalblatt sorgte ungewollt für noch größere Aufmerksamkeit. Der Zuspruch aus der Bevölkerung hingegen war sehr groß, was mir sehr gutgetan hat. Mich erreichten sehr viele E-Mails, sogar aus Österreich und der Schweiz, in denen mir Menschen ihren Respekt zollten. Ich erhielt viel Dankbarkeit für den Mut und die klaren Worte, mit denen ich völlig unaufgeregt im Interview den Zustand beschrieben hatte.
Und wenn jemand mich fragt, „Hast Du keine Angst gehabt?“, dann sage ich ganz klar: „Nein“. Würde ich lügen, dann hätte ich Angst. Angst, dass die Menschen erkennen, dass es eine Lüge war, die ich erzählt hatte. Die Scham wäre für mich schlimmer als jede Ausgrenzung von der Arbeit, den Kollegen, dem Freundeskreis und der Gesellschaft.

Nein ... die Wahrheit zu sagen macht mir keine Angst, das hat es noch nie und das wird es auch nie.

Er hätte noch Jahre leben können

Emma, 78, Rentnerin

Im Februar 2022 starb mein Mann an den Folgen der dritten Corona-Impfung. Er bekam eine Lungenembolie durch Herzmuskelentzündung. Ich selbst hatte mich nie impfen lassen, weil ich Angst hatte vor den Nebenwirkungen, und dass eine Autoimmunerkrankung ausgelöst werden könnte. Ich ertrug alle Ausgrenzungen, den Verzicht auf Reisen, Gaststätten, Geschäfte. Kaum auszuhalten jedoch war die herrische Art derer, die sich im Recht glaubten. Mein Mann bekam die dritte Coronaspritze und fuhr in den alpinen Skiurlaub nach Südtirol.

Dort hat er sich schon schlecht gefühlt. Sein Zustand danach verschlechterte sich rasant, bis er mit einem Notfallwagen ins Krankenhaus gebracht wurde. Dabei wurde so getan, als hätte er Corona: Die Helfer erschienen in voller Kostümierung.
Mein Mann hatte ein besonders intaktes Immunsystem, das kam wohl aus seiner Zeit als Alpinist. Zum Zeitpunkt seines Todes war er 79. Normalerweise hätte er noch mindestens fünf Jahre leben können.

Meine Ablehnung der Spritzen beruht auf einer nur knapp überlebten Autoimmunerkrankung, dem Miller-Fisher-Syndrom.

Als ich las, dass die Spritzen Autoimmunerkrankungen auslösen können, versuchte ich, eine Impfbefreiung zu erwirken im Krankenhaus und bei der Kurklinik, wo ich lange Zeit mit der Krankheit verbracht hatte. Meine Bitten per Brief wurden ohne Grund abgelehnt. Darum entschloss ich mich, den Weg ohne Coronaspritzen zugehen. Ich bin jetzt 78 Jahre alt und recht gesund.

Sie wollte andere schützen

Lisa, 56, Industriekauffrau

Ich behaupte, Mutter ist an der Impfe nach zwei Monaten verstorben.
Sie bekam eine Autoimmunerkrankung und Turbo-Krebs.
Meine Stiefmutter hatte vor Beginn der Impfungen keinerlei Beschwerden.
Sie hatte ihre Autoimmunerkrankung (Myasthenia gravis) im Griff. Nach der zweiten Spritze (Biontech) fielen ihr nach Aussage meiner Cousine nach ca. einer Woche immer wieder die Augenlider herunter. Meine Stiefmutter lebte in Soest und wir in Bielefeld. Wir hatten nur telefonischen Kontakt. Besuchen konnten wir sie auch nicht, denn leider hat meine Stiefmutter meinem sogenannten Cousin eine Generalvollmacht erteilt! Ich erhielt die schlimme Nachricht ihres Todes also von einer meiner Stiefcousinen.

Meine Mutter hatte mir noch selbst am Telefon gesagt: „Ich habe lange überlegt, wieso mein Zustand so schlecht ist, und dann fiel mir die Impfung ein". Enttäuschenderweise hatte ich kein engeres Verhältnis zu der Verwandtschaft meiner Mutter, sodass ich auch keinerlei Mitspracherecht hatte. Ich hätte auf einer Obduktion bestanden! Meine Mutter hatte sich impfen lassen, weil sie zur Kommunion ihres Neffen wollte. Sie wollte sich und andere damit schützen. Dieser „Schutz" wurde damals groß von Jens Spahn und den Medien propagiert! Und ich durfte meine Mutter nicht einmal mehr besuchen. Das alles macht mich so traurig und wütend, es ist einfach unfassbar! Auch in meinem Umfeld stieß ich mit meiner Einstellung zur Impfung auf Ablehnung und Unverständnis.

Eine Nachbarin meinte in bösem Ton zu mir, sie hätte kein Verständnis dafür, dass ich mich nicht impfen lasse. Später hat sie sich allerdings für ihr Verhalten entschuldigt. Sie hatte durch die Impfung einen Schock erhalten und musste reanimiert werden. Die Lügen der sogenannten Gutmenschen und auch ihre Maßregelungen müssen geahndet werden!

Diagnose Myokarditis

Karin, 73, Rentnerin

Ich bin, was unsere Politik betrifft, schon seit acht Jahren skeptisch. Aber was sie uns jetzt angetan haben, das schlägt dem Fass den Boden aus. Nachdem wir 2020 alle in Panik versetzt wurden, habe ich ganze drei Monate gebraucht, um zu erkennen, was hier vor unseren Augen geschieht. Dank Prof. Bhakdi und anderen Koryphäen wurde ich schnell in meinen Gedanken bestätigt.

Da ich Asthmatikerin bin und auch unter Vorhofflimmern leide, war für mich klar, diese Filtertüte hat in meinem Gesicht nichts zu suchen – von meinem Lungenfacharzt bekam ich ein Attest. Er hat genau wie Dr. Wodarg gesagt, dass die ohnehin nichts bringen, sondern auf Dauer eher krank machen.
Dann ging es los mit dem Gift, das unter die Menschen gebracht wurde. Auch dazu hatte Prof. Bhakdi eine ganz klare Einstellung – und er hatte recht damit, was diese Spike-Proteine im Körper anrichten können. Mit meinem Sohn, der damals noch in diesem Hamsterrad gefangen war, sprach ich offen darüber. Er glaubte mir nicht und reagierte ungläubig, ganz nach dem Motto: „Das würden die doch niemals tun!" So hatte ich keine Chance, ihn und seine Familie davon abzuhalten. Und da ich meinen Sohn und meine Enkeltöchter sehr liebe, habe ich mich dann auch gentherapieren lassen – weil mein Sohn so große Angst um mich hatte. Das erste Mal bekam ich AstraZeneca, und bis auf die Einstichstelle habe ich nichts bemerkt.
Und weil ich die erste gut vertragen habe, habe ich mir den zweiten Schuss mit Moderna auch noch gegönnt.

Dann, am selben Abend, ging es los: Schweißausbrüche, Gelenk- und Kopfschmerzen, Übelkeit und ein Druck und einen Schmerz im Herz, als säße ein LKW auf meiner Brust. Am nächsten Morgen habe ich mich zu meinem Hausarzt geschleppt und das einzige, was er dazu sagte, war: „Ach, wissen Sie, sie haben ja eh Probleme mit dem Herzen, das geht vorbei."

Hallo?! Keine Untersuchung, noch nicht mal abgehört hat er mich. Ich verließ schockiert und sprachlos die Praxis – und werde sie auch nie wieder betreten. Mein Kardiologe hat mir sofort Hilfe angeboten und festgestellt, dass ich eine Myokarditis habe. Er verschrieb mir dann noch ein Medikament, zusätzlich zu denen, die ich ohnehin schon nehmen muss; 10 Stück an der Zahl. Nach etwa über einem Jahr bin ich jetzt noch in der Lage, fünf Stufen hochzugehen. Vor dem Gift schaffte ich trotz Asthma fünf Etagen. Mein Sohn und seine Familie sind nach drei Schüssen ständig krank, darunter auch meine 8-jährige Enkeltochter. Die Kleine mit ihren drei Jahren ist zum Glück verschont geblieben, doch krank wird sie auch durch die anderen, die geboostert sind.

Nachdem mein Sohn live miterlebt hat, wie es ausgehen kann, hat er mich endlich ernst genommen und lässt sich und seine Familie nicht mehr gentherapieren, weil er jetzt selbst die Erfahrung gemacht hat. Ich kann gar nicht zählen, wie oft mein Sohn und meine Schwiegertochter sich in dem letzten Jahr bei mir entschuldigt haben und sagten: „Mama, hätten wir Dir doch geglaubt ..." Tja, immer dann, wenn das Kind im Brunnen liegt, kommt der Deckel darauf. Aber ganz ehrlich, wenn ich damit erreicht habe, dass sie sich nie wieder diesem Gift aussetzen, dann habe ich gerne gelitten – und leide bis heute.

Das Ende meiner Freundin

Ute, 42, erwerbslos

Ich habe in der Zeit so vieles verloren. Die Mutter meines Mannes starb einsam an ihrer Krebserkrankung in einem Klinikum in Düsseldorf, in das wir nicht mehr hineingelassen wurden.

Eine Freundin von mir nahm sich das Leben. Am meisten aber schmerzt mich der Verlust meiner Freundin Irmgard. Sie lebte direkt in der Wohnung nebenan. Sie war schon sehr alt, aber völlig klar im Geist. Irmgard litt vor einigen Jahren an einer Krebserkrankung, bei der ihr der Magen und die Schilddrüse entfernt wurden. Und dafür war sie noch erstaunlich fit. Ich hatte von Anfang an ein schlechtes Gefühl, als sie sich spritzen lassen wollte. Sie wusste auch, dass ich selbst die Impfung ablehnte, wir hatten kurz darüber gesprochen.

Bereits nach der ersten Spritze im Frühjahr 2021 bekam sie auf einmal Probleme mit dem Herzen, die sie nie zuvor im Leben hatte: Herzrhythmusstörungen. Ich erinnere mich bis heute, wie ich sie besuchte und sie kopfschüttelnd auf den Tisch zeigte und sagte: „Gucke dir mal an, was ich alles an Tabletten nehmen muss. Ich gehe kaputt." Die zweite Spritze richtete bei ihr keinen weiteren sichtbaren Schaden an. Am Abend vor der dritten Impfung saß ich bei ihr. Ich machte mir große Sorgen und sagte zu ihr: „Ich habe kein gutes Gefühl dabei, Irm."
Ich hatte so recht. Sie landete direkt im Krankenhaus und als sie zurückkam, war sie voll pflegebedürftig. Das war im Dezember 2021. Ihr Sohn und ich pflegten sie in den letzten Wochen ihres Lebens. Sie war sehr kurzatmig und konnte nicht mehr laufen. Wenn ich sie nach dem Baden anzog, fiel sie einfach auf die Seite, weil das Anheben der Arme sie so sehr angestrengt hatte. Es war so ein Elend, diese lustige, freche und gute Frau so hilflos, gedemütigt und ums Leben kämpfend sehen zu müssen. An einem der letzten Abende ihres Lebens, es war schon spät und ich hatte sie bereits ganz warm zugedeckt, bekam ich plötzlich Angst, zur Tür hinauszugehen. Ich hatte die schlimme Befürchtung, dass sie womöglich ganz allein stirbt.

Als hätte sie meine Gedanken gelesen, schlug sie noch einmal die Augen auf und sah mich ganz klar an. Ihre Worte trafen mich direkt ins Herz; sie wandte sich mir zu und sagte leise: „Du kannst ruhig nach Hause gehen, Mädchen. Ich bin morgen noch da“. Ich kann weder den Anblick noch ihre warmherzigen Worte vergessen.Mir kommen heute noch die Tränen, wenn ich daran zurückdenke. Sie fehlt mir so sehr und ich kann nicht vergessen, wie elendig sie verreckt ist. Sie starb schließlich Ende März 2022. Zwei Wochen später war ihre Beerdigung.

Jetzt hat der Vater meines Mannes Turbokrebs. Die Geschichte ist noch lange nicht vorbei ...

Meine Eltern starben nach der Impfung

Nicolas, 31, Förster

Ich habe mit dem Verfassen dieses Textes lange gehadert, weil durch das Niederschreiben und das Darüber-Nachdenken leicht alte Wunden wieder aufgerissen werden können. Eigentlich wäre es möglich, dass ich meine gesamten erlebten Geschehnisse in einer großen Biografie zusammenfasse, weil die Ereignisse für mich so einschlägig, vielfältig und kaum fassbar waren. Auch heute kann ich noch nicht begreifen, was in den letzten Jahren geschehen ist.

Zur Hochsaison der Coronakrise war ich 29 und 30 Jahre alt. In diesem Zeitraum verlor ich beide Eltern und weitere Mitglieder meiner Familie durch die Spritze. Mein Vater starb plötzlich und unerwartet im September 2021, zehn Tage nach der zweiten Astra-Injektion. Im selben Jahr verstarb im Dezember meine Patentante, eine bis dato quicklebendige Frau, ebenfalls plötzlich und unerwartet. Sie erhielt eine Mischung aus Moderna und Astra. Meine Mutter bekam ihre erste Injektion im Mai 2021 und erhielt erstaunlicherweise erst danach eine Impfunfähigkeitsbescheinigung ihres Hausarztes, weil schwere

Nebenwirkungen auftraten. Sie hätte in diesem Zeitraum vor jeglichen Impfungen gewarnt und abgehalten werden müssen, weil sie sich in einer laufenden Chemotherapie befand. Sie hatte Krebs.

Nach der ersten Injektion traten zwei Wochen später Hirnnekrosen, Sprachstörungen und der sogenannte Turbokrebs auf. Der ursprüngliche Tumor war eigentlich bis zu diesem Zeitpunkt gut unter Kontrolle. Offenbar ahnte ihr Hausarzt schon, dass diese Behandlung ein Fehler gewesen war und stellte im Nachhinein die Impfunfähigkeitsbescheinigung aus. All diese Ereignisse habe ich sorgfältig in Ordnern dokumentiert. Darunter auch die Meldungen der Nebenwirkungen meiner Mutter an BionTech.

Ich hoffe, dass diese Dokumentation vielleicht irgendwann einmal von Relevanz sein wird. Meine Mutter erlag letztendlich im Mai 2022 den Folgen des gestreuten Krebses. Während der Tortur der Krebsbehandlungen in diesen Coronajahren musste ich leider schwerste Erniedrigungen und Respektlosigkeiten in den Kliniken durch Schwestern, Ärzte und die wichtigsten Diktatoren dieser Zeit, die Security- Angestellten, ertragen. Nur ein Beispiel: Selbst am Sterbebett zur Verabschiedung meiner Mutter hätte ich eine FFP2-Maske tragen müssen, was ich natürlich nicht tat, damit meine Mutter wenigstens noch mein Gesicht erkennen konnte. Von anderen Schikanen will ich erst gar nicht berichten.

Des Weiteren möchte ich von einem relativ unscheinbaren, aber offensichtlich tief sitzenden Trauma berichten, was mich bis heute immer wieder beim Betreten von Supermärkten aufs Neue begrüßt. Ich setzte beim Einkaufen in 90 % der Fälle keine Maske auf und fühlte mich jederzeit beobachtet und wie ein Schwerstverbrecher, wenn ich durch die Geschäfte ging. Genau dieses Gefühl überkommt mich immer noch manchmal beim Betreten der Gebäude. In meinem Kopf erscheint schlagartig der Gedanke: „Oh! Pass auf ! Du trägst ja keine Maske! Hoffentlich sieht dich keiner!“ Erst einen Moment später, wenn ich mich erinnere, dass die Maskenpflicht aufgehoben wurde, kommt die Erleichterung.

Das war nun ein kleiner Einblick in meine Erlebnisse der vergangenen Jahre. Ich möchte am Ende dennoch hinzufügen, dass ich, so dramatisch diese Zeit auch war, diese nicht missen will.
Ich durchlief einen Leidensweg, der mich zu einem neuen Menschen transformierte. Nur dadurch konnte ich beginnen, die Welt mit anderen Augen zu sehen und öffnete meinen Geist auch für göttliche Erfahrungen, die ich sonst niemals erlebt hätte. Corona war für mich persönlich das Portal in eine neue, wunderschöne Zeitlinie, auf der leider nicht alle geliebten Menschen mitgekommen sind, die mich jedoch stets begleiten, wo auch immer sie jetzt sind.

Kritisches Denken verpönt – Unis in der Krise

Im März 2020 gingen die Universitäten in den Lockdown. Für die Studenten bedeutete das den plötzlichen Wechsel vom Präsenzunterricht in die Online-Lehre, Mitarbeiter der Verwaltung wurden weitestgehend ins Homeoffice geschickt.

In Rekordzeit musste die technische Umstellung erfolgen, damit der universitäre Betrieb überhaupt weitergehen konnte. Die Umstellung vom Hörsaal in das Online-Meeting hieß für die jungen Leute: Keine Semesterparties, keine Arbeit in Lerngruppen, keine Treffen in der Freizeit, keine lockere Geselligkeit – alles das, was ein Studentenleben neben dem Lernen eigentlich ausmacht, fiel weg.

Das Gefühl der Zusammengehörigkeit blieb in der Coronazeit auf der Strecke. Die Online-Lehre war für viele lästig, für andere kompliziert; auf keinen Fall

ersetzte sie eine lebendige Vorlesung, in der Studenten spontane Fragen mit den Dozenten lebhaft diskutieren konnten.
Als der Präsenzunterricht wiederaufgenommen wurde, geschah dies unter strengsten Auflagen – das Hygienekonzept musste umgesetzt werden. Die Abstandsregelung führte zu halb besetzten Hörsälen, die Studenten durften nur in Intervallen erscheinen. Überall auf dem Campus herrschte Maskenpflicht, in den Gebäuden sowieso. Einer demütigenden Prozedur mussten sich ungeimpfte Studenten unterziehen: Ohne tagesaktuellen Test kamen sie in keine Vorlesung. Oft überprüfte der Professor selbst die Impfbescheinigungen, was natürlich seltener passierte als die tägliche Kontrolle der Tests. Wer nicht rechtzeitig in ein Testzentrum kam, verpasste wichtige Vorlesungen. Die Dozenten, denen an der Qualität der Lehre gelegen war, beklagten, dass ihnen der persönliche Kontakt mit den Studenten fehlte; manche lehnten auch ab, die ganze Vorlesung über Maske zu tragen. Welche Regelungen jeweils galten, wurde vom Bundesland bestimmt und änderte sich andauernd; orientiert an Inzidenzwerten und Maßgaben vom Bund. Es gab keinen roten Faden, es ging nur darum, Chaos zu vermeiden und den Vorgaben gerecht zu werden.

Umso erstaunlicher, dass es bei all den Drangsalen, Entbehrungen so gut wie keinen Protest gab. Wie kritische Studenten schreiben, fanden sie sich mit ihren Zweifeln an der Notwendigkeit der Maßnahmen und Bedenken hinsichtlich der Impfung allein auf weiter Flur. Ihre Kommilitonen übernahmen nahtlos die Propaganda der Medien. Wer ungeimpft war, wurde von WGs abgelehnt, auf dem Campus gemieden und sah sich endlosen Diskussionen und Überzeugungsversuchen ausgesetzt – und vielen schiefen Blicken.
Währenddessen landeten auf Twitter Hashtags wie #Maskeauf und #TeamWissenschaft in den Trends, bei denen sich auch viele junge Leute damit brüsteten, wie gut sie alles fraglos unterstützen, was die Regierung gerade wieder beschlossen hatte. Wer Drosten, Lauterbach und Co widersprach, wurde beschimpft als „Querdenker, Coronaleugner etc.". Sie glänzten im stumpfen Nachbeten dessen, was offiziell als Narrativ verkündet wurde.

Während meines Studiums war ich von meinen Professoren noch ermahnt worden, wenn ich Aussagen und Thesen fraglos übernommen hatte, anstatt sie wissenschaftlich zu hinterfragen. Heute scheint es umgekehrt. Mit der Bologna-Reform entstand ein verschultes Studium, in dem es in erster Linie um Auswendiglernen und Noten geht. Selbst Masterstudenten bekommen einen fertigen Stundenplan vorgesetzt und arbeiten unter ständigem Notendruck. Professoren hielten ihre Studenten nicht mehr an, die Dinge kritisch zu hinterfragen, sondern hetzten in der Coronazeit gegen „Querdenker“ und riefen sogar zur Teilnahme an Antifa-Demos auf.

Wo waren die Studentenaufstände, wie es sie in den 60ern und 70ern gegeben hatte? Mit Parolen wie „Unter den Talaren der Muff von 1000 Jahren“ oder „Macht kaputt, was euch kaputtmacht“ wetterten angehende Akademiker ganz selbstverständlich gegen das „Establishment“. Warum protestierten ausgerechnet in einer Zeit, in der der Staat in weite Bereiche des Lebens eingriff und sie selbst darunter leiden mussten, so wenige Studenten?
Heute müsste es wohl heißen: „Macht mit bei dem, was euch kaputtmacht“. Während es früher darum ging, als Gemeinschaft kritischer junger Erwachsener staatliche Strukturen zu hinterfragen und im Zweifel dagegen aufzustehen, richtete sich die Wut in der Coronazeit gegen diejenigen, die es wagten, auch nur leise Kritik zu üben.

Ein positives Gegenbeispiel ist die Bewegung „Studenten stehen auf „ und auch kritische Wissenschaftler meldeten sich zu Wort – die dann wiederum fürchten mussten, öffentlich diskreditiert zu werden und am Ende ihren Job zu verlieren.

Kein Platz für kritische Studenten

Norman, 22, Student

Hiermit möchte ich einige meiner Erfahrungen als ungeimpfter und kritischer Student während der vergangenen drei Jahre an einer deutschen Universität schildern. Für mein Studium begab ich mich im Herbst 2021 auf Wohnungssuche. Hierfür informierte ich mich im Vorfeld über das Internet über potenzielle WGs und vereinbarte meine ersten „WG-Castings".

Das erste Gespräch fand bei einem Studentenpaar statt, die noch ein Zimmer freihatten und auf der Suche nach einem Mitbewohner waren. Wir sprachen locker und ausgelassen, ungefähr eine Stunde miteinander. Die Atmosphäre war sehr angenehm und wir konnten einen guten ersten Draht zueinander aufbauen, sodass ich guter Dinge war, dass es mit dem Zimmer klappen könnte. Ich freute mich, dass ich so schnell fündig geworden war.
Als das Gespräch vorbei war und ich gerade die Wohnung verlassen wollte, fragte mich der junge Student noch beiläufig, ob ich auch gegen Covid „geimpft" sei. Ich verneinte dies und erklärte ihm, dass ich in meinem Umfeld bereits schlechte Erfahrungen mit der sogenannten „Impfung" gemacht hatte, was ich versuchte, so diplomatisch wie möglich zu formulieren.

Nachdem ich ihm geantwortet hatte, merkte ich, wie die Stimmung, die zu Beginn locker und harmonisch wirkte, augenblicklich kippte und er es scheinbar kaum erwarten konnte, dass ich endlich das Gebäude verlasse. Ich erschrak und fühlte mich unwohl. Aufgrund dieser Situation erwartete ich dann, dass ich von der WG in den kommenden Tagen eine Absage erhalten würde, was dann auch geschah. Die Begründung fiel sehr oberflächlich aus, wobei nach meinem Empfinden vor allem die „Impfung" der Grund war.

Das nächste Casting fand online am Laptop statt. Wie bereits zuvor verlief das Gespräch sehr gut und ich war erneut zuversichtlich, das Zimmer beziehen zu können. Das Thema „Impfung" kam gar nicht erst auf, sodass ich in keine schwierige Situation geriet. Wir haben uns gut verstanden und letztendlich habe ich das Zimmer dann auch bekommen, was mich sehr freute. Ich hoffte, nicht mehr in so eine unangenehme Situation wie beim ersten Casting zu kommen – ich wollte mich endlich auf die weitere Vorbereitung meines Studiums konzentrieren.

Die erste Hürde war also genommen – bald darauf fuhr ich zu meiner neuen Adresse, um die Schlüssel in Empfang zu nehmen und meine zukünftigen Bewohner näher kennenzulernen. Nach der Übergabe der Schlüssel machten einer meiner Mitbewohner und ich uns auf zu einem kleinen Spaziergang, um uns etwas zu „beschnuppern". Während der Unterhaltung wurde ich neugierig und fragte ihn, was seine Meinung zu Covid und dem Umgang damit sei, da dies im ersten Gespräch nicht deutlich geworden war.
Im Nachhinein habe ich oft darüber nachgedacht, ob es nicht besser gewesen wäre, die Frage nicht zu stellen, andererseits hätte ich dann nie seine wahre Meinung erfahren und hätte nicht die Klarheit bekommen, die ich heute besitze. Jedenfalls reagierte mein Mitbewohner deutlich und direkt. Er und auch die drei anderen WGBewohner stehen voll hinter den Maßnahmen und finden diese absolut sinnvoll. Etwas erschrocken erwiderte ich, dass dies bei mir anders sei, dass ich nicht geimpft sei und nicht damit einverstanden bin, dass jede Meinung, die vom Mainstream abweicht, deshalb kritisiert wird.

Meine Aussagen brachten ihn dazu, sich rechtfertigen zu wollen. Er versuchte mir klarzumachen, dass die Pharmaindustrie über die Intensivbetten sogar Geld verliere. Nach seiner Argumentation kosten die Intensivbetten mehrere tausend Euro am Tag durch speziellen Sauerstoff für die Beatmung und Personal für die Betreuung. Die „Lösung über die Impfung" sei hier ohne Frage der beste Weg, weil sie sicher ist und dementsprechend kein Intensivbett belegt werden müsse, wodurch Kosten eingespart werden könnten. Nach einigen weiteren Argumenten kam er dann zu der Erkenntnis, dass er und seine Mitbewohner, hätten sie von meinem Status als Ungeimpfter und meiner kritischen Haltung im Voraus gewusst, mich sicherlich nicht in die WG hätten einziehen lassen. Das traf mich natürlich und ich fühlte mich unwohl. Auf meine Nach-

frage, wie wir jetzt mit der Situation umgehen sollten, antwortete mein Mitbewohner nur: „Jetzt hast Du das Zimmer ja schon."
Mit meinen anderen Mitbewohnern hatte ich keinerlei Probleme. Vielleicht auch, weil sie bis heute nichts von meinem Status und meiner kritischen Meinung wissen. So erhoffte ich mir zusätzliche Konflikte, schwierige Situationen und ungute Gefühle zunächst zu ersparen. Nachdem ich einige Monate in der WG gewohnt hatte, zog eine Mitbewohnerin aus, sodass wir das Zimmer zur Vermietung ausschrieben und ich nun diesmal Mitglied in der WG-Casting-Gruppe war. Einer der Bewerber zeigte sich sehr politisch engagiert, so erwähnte er etwa, dass er Gegendemos gegen Querdenker – z. B. auch gegen Montagspaziergänge und Nazis organisiere. Mein WG-Mitbewohner hetzte dann im Gespräch vor mir mit dem Bewerber gemeinsam gegen Querdenker, wobei er ja schon wusste, dass ich dieser Gruppierung durchaus nahestand.

Der erwähnte Bewerber wurde dann Teil unserer WG. Mit ihm kam es bislang auch nicht zu Konflikten, da er ebenfalls nichts über meinen „Impfstatus", meine politische Meinung und mein Engagement bei Montagsspaziergängen weiß. Nach den emotionalen Tiefschlägen der Wohnungssuche hoffte ich, wenigstens an der Universität gut Fuß fassen zu können, eventuell neue Freunde zu treffen, gut in den Studiengang zu finden und die Enttäuschungen der vergangenen Wochen und Monate zu verarbeiten. Doch auch hier sollte ich vor weitere Herausforderungen gestellt werden. Zunächst in Form des „Uni-Passes". Hierbei handelt es sich um das 3G-Konzept der Uni. Zugang erhielt man nur mit Tests, die an der Uni gemacht werden bzw. dort anerkannt werden mussten.

Am Tag gab es hier 80 Termine, die online vereinbart werden mussten, bei ca. 20.000 Studierenden. Ohne diesen Test gab es keinen Zutritt zu Veranstaltungen. Die Termine waren schwer zu bekommen und ich musste im Voraus planen, da als Alternative nur die Tests aus Apotheken für 20 Euro das Stück zulässig waren.
Um an den Veranstaltungen teilnehmen zu dürfen, war ein tägliches Testen nötig, welches wiederum über eine „APP", die den momentanen Status anzeigt, überprüft wurde.

Zu Beginn des Semesters gab es 2 Kategorien: „Grün“ für geimpft, genesen und getestet und „Rot“ für nichts. Für die Geimpften zeigte die „APP“ immer „Grün“ an, bei den Getesteten war eine ablaufende Zeitanzeige bis zum nächsten benötigten Test hinzugefügt. Im Verlauf des Semesters wurde die „APP“ dann noch weiter modifiziert, sodass der Status „Grün“ nur noch geimpft erreicht werden konnte und die Getesteten jetzt einen „Gelben“ Status erhielten. Mit der Zeit begann ich aufgrund der planerischen Herausforderung und den Umwegen, die ich für das Testen in Kauf nehmen musste, auf Online-Testzertifikate zuzugreifen, da es oft keine Termine an der Uni mehr gab und die Apotheke auf Dauer zu kostspielig wurde. Von meinen Professoren wurde ich mit diesen Zertifikaten vermehrt misstrauisch begutachtet und war zumeist der einzige in meinem Kurs mit Test.

Ein Vorfall ist mir hierbei besonders in Erinnerung geblieben: Zu Beginn eines Seminars mussten sich alle vorschriftsgemäß ausweisen. Hier sollten alle Studenten ihr Smartphone aufzeigen, sodass der Professor wie in einer Art „Ausweiskontrolle“ den aktuellen Status überprüfen konnte.
Wie schon öfter hatte ich auf das Online-Zertifikat zugegriffen und dieses parat. Da ich nicht über die offiziellen Stellen der Uni gegangen war, zeigte die „APP“ „Rot“ an. Der Professor orientierte sich an der Farbe meines Passes und ignorierte mein Zertifikat, auch nachdem ich ihn darauf hingewiesen hatte. Seine Worte: „Dann müssen Sie jetzt leider den Raum verlassen.“ So wurde ich als einziger hinausgeschickt. Die anderen Studierenden hat dies nicht interessiert. Von hier begab ich mich zum offiziellen Testzentrum der Universität, welches etwa 15 Minuten zu Fuß entfernt war, um dort mein Zertifikat und die „APP“ zertifizieren zu lassen. Daraufhin begab ich mich zurück zum Seminar, wo ich nach insgesamt 40 Minuten eintraf und nach erneuter Kontrolle meines Passes noch ganze 30 Minuten an der Veranstaltung teilnehmen durfte.

Wenige Wochen nach diesem Vorfall wechselte die Uni wieder in die Online-Lehre. In der Mensa der Universität herrschte die 2G-Regel, sodass ich hier keinen Zugang zur Kantine hatte. Dasselbe war auch der Fall in der Universitätsbibliothek, wodurch ich zusätzlich vom Leben an der Universität ausgeschlossen war und mir woanders Kontakte suchen musste. Abschließend möchte ich noch einige zentrale Aussagen meiner Professoren hervorheben. Mein Studium umfasst politische Themengebiete und viele meiner Professoren sind vom „Fach". Eine gewisse Kompetenz bzw. Sensibilität für gesellschaftliche, soziale und politische Gebiete sollten sie also besitzen. Stattdessen riefen sie offen zu Gegendemos gegen die Montagsspaziergänge auf. Durch Covid sehe man zudem, wie tiefgreifend Rechtsextremismus in Deutschland, auch in Form der Montagspaziergänge, verbreitet ist.

Darüber hinaus wäre es eventuell eine Möglichkeit, einen Querdenker bei einem solchen Spaziergang zu interviewen, was man allerdings nicht aushalten würde, da es sich hierbei um sehr abschreckende und gefährliche Leute handelt. Im Verlauf meines Studiums sind vermehrt solche Aussagen aufgetreten und die meisten entsprechen im Wesentlichen dem Mainstream-Narrativ und den ständigen Wiederholungen der Politiker. Vieles, was ich bislang in meinem Studium erlebt habe, ist mir vermutlich in der Dimension und der Auswirkung auf mein emotionales Befinden noch gar nicht bewusst.
Was das Ganze mit mir gemacht hat, will ich mir auch gar nicht so genau ins Bewusstsein rufen ... stattdessen versuche ich einfach, meinen Alltag als kritischer und andersdenkender Student zu gestalten – und auszuhalten.

Die Uni warnt vor Impfgegnern

Ingo, 26, Psychologiestudent

Als ungeimpfter und kritischer Student ist mir während meiner Wohnungssuche für mein Studium vor allem eine Situation in Erinnerung geblieben. Ich wurde zu einem Vorstellungsgespräch in eine WG eingeladen. Als ich dort ankam, wurde ich höflich empfangen und es gab Tee. Im anschließenden, etwa einstündigen Gespräch zeigten sich einige gemeinsame Interessen zwischen mir und den Studenten – nach der anschließenden Führung durch die WG war ich optimistisch, nach etlichen WG-Castings und Absagen einen passenden Ort gefunden zu haben.

Doch es kam anders. Als ich mich gerade ankleidete, um den Heimweg anzutreten, wurde ich nach meinem „Impf-Status" gefragt. Ich antwortete, dass ich nicht geimpft, aber genesen sei. Darauf folgte die Nachfrage, ob ich noch vorhätte, mich „impfen" zu lassen, was ich ebenfalls verneinte. Die abschließenden Worte der Studentin waren sinngemäß, dass sich alle Bewohner der WG deutlich sicherer und entspannter fühlen würden, wenn alle Mitbewohner „geimpft" seien. Mein Gefühl sagte mir, dass es das damit gewesen war und ich wohl in ein paar Tagen die Absage von dieser WG erhalten würde. Dies traf dann auch so ein.
Nach meiner Erfahrung bei der Wohnungssuche blieb ich distanziert, beobachtete weitestgehend das Treiben an der Universität und versuchte, mich mit dem Fach auseinanderzusetzen und hoffte auf wenig politische Färbung und Unterbrechungen.
Diese Hoffnung wurde herb enttäuscht. Seitens der Professoren kam es vermehrt zu politisch gefärbten Aussagen in Bezug auf die Bewegung Querdenken, Montagsspaziergänge und zur penetranten Hervorhebung der Wichtigkeit der „Impfung", der Wirksamkeit der Masken und Maßnahmen.

Sogar in etlichen Unterlagen tauchte immer wieder das Thema Impfung in diversen abgewandelten Formen auf. Auch in Klausuren wurden gezielt poli-

tische Beispiele gewählt, um einen Sachverhalt „anschaulich“ darzustellen, der im Wesentlichen der Schwarz-Weiß-Malerei des Mainstreams entspricht (Grün ist gut, AfD ist schlecht).
Eine besonders eindrückliche Situation spielte sich während der Interpretation einer Statistik, die den Zusammenhang zwischen Impfrate und Sterberate darstellte, ab. Auf der Darstellung war zu erkennen, dass in Gebieten mit hoher Impfrate ebenfalls eine hohe Sterblichkeit vorlag. Die Professorin wies uns zunächst darauf hin, dass man grundsätzlich vorsichtig bei der Zuschreibung und Interpretation von Ursachen sein sollte, um sich eine wissenschaftliche Neutralität zu bewahren.

Dann kam sie gleich auf den Punkt und wies uns darauf hin, dass diese oder eine ähnliche Statistik bereits den „Impfkritikern“ in die Hände gefallen und von jenen missinterpretiert worden sei. Diese sahen wohl eine Bestätigung ihrer Annahme, dass die „Impfung“ zu erhöhter Sterblichkeit führe. Die Professorin versuchte, uns zu überzeugen, dass dies die gänzlich falsche Auslegung sei.

Ihrer Meinung nach sei alles ganz anders: In Regionen mit erhöhter Sterblichkeit gäbe es eine erhöhte Furcht vor dem Tod, weshalb sich dort auch mehr Menschen „impfen“ ließen. Nach ihrem Empfinden war dies tatsächlich die plausiblere Antwort, die sie dann auch selbstbewusst vertrat und versuchte, uns Studenten einfach überzustülpen. Ganz nach dem Motto: Es kann nicht sein, was nicht sein darf!

Von den Studenten kamen keinerlei Gegenargumente oder Nachfragen.

In einer anderen Vorlesung betrat ich den Vorlesungssaal, als bereits eine Powerpoint-Präsentation lief. Diese zeigte eine Grafik, auf welcher in Schritten die Wirksamkeit der medizinischen Masken gegen eine Infektion mit Covid dargestellt war. Das ging so weit, dass laut dieser Folie die Infektionswahrscheinlichkeit ohne Maske bei nahezu 100 %, mit FFP2-Maske bei 0,5 % lag. Als Quelle der Folie war ein öffentlich-rechtlicher Nachrichtensender vermerkt.

In der anschließenden Vorlesung betonte die Professorin stets die Wichtigkeit von Wissenschaftlichkeit und die genaue und kritische Überprüfung von Quellen, um zu zuverlässigen Ergebnissen zu kommen. Was mich besonders irritierte, ist, dass die Professorin bestens mit der menschlichen Biologie vertraut ist, beziehungsweise sein sollte, da sie Biologie unterrichtet und in einer Vorlesung auch die Auswirkungen von Sauerstoffmangel auf das Gehirn aufzeigte (welcher möglichst zu vermeiden ist) – gleichzeitig hielt sie alle Studenten dazu an, während der Vorlesung, also etwa 90 Minuten lang ohne längere Pause, eine Maske zu tragen.

Die Kirche hat mitgemacht

Nicht einmal zu Zeiten der Pest schloss die Kirche ihre Pforten. Das Gottesdienstverbot sorgte für Aufregung und Empörung unter den Christen, denn dass es dies je geben würde, hatte wohl niemand für möglich gehalten. Es fehlte nicht nur der Sonntagsgottesdienst – viele besuchten täglich die Heilige Messe und fanden dort Zuspruch, Trost und Stärke im Glauben.
Taufen, Hochzeiten und selbst Beerdigungen wurden abgesagt.

Die Institution tat nur noch das, was staatlich vorgeschrieben war, und warb für Online-Gottesdienste; mit klangvollen Parolen wie „pray at home".
Die erste Wiedereröffnung mit Absperrbändern, ohne Gesangsbücher, ja sogar ohne Weihwasser aus „Schutz vor Corona" hatte nichts mehr mit den Gottesdiensten zu tun, die die Christen kannten.

Nachdem ein Impfstoff gefunden wurde, entdeckte die Kirche ein neues Sakrament. Die Institution machte sich nicht zum ersten Mal zum Sprachrohr der Politik und griff willfährig politische Themen auf. Ob Migration, Transsexualität, Energiewende – würde man es nicht besser wissen, fühlte man sich in der Kirche wie auf einem Parteitag der Grünen. Diese „Haltungsreligion" wird von vielen Christen schon länger kritisiert. Hier jedoch erreichte die Bemühung um politische Korrektheit ihren grotesken Höhepunkt: „Impfen ist Nächstenliebe", tönte es von der Kanzel. Ein Satz, den man in Ruhe auf sich wirken lassen kann.

Aber es gab auch mutige Priester, die ihr Amt und ihre Verantwortung gegenüber den Gläubigen ernst nahmen – unter hohem Risiko hielten sie an geheimen Orten Messen ab. Von den Bischöfen fühlten sich diese Priester im Stich gelassen, eine Empfindung, die viele Christen teilten, als sie vergeblich auf Kritik der Kirche warteten. Sie hofften, die Institution, der sie vertrauten, würde sich hinter sie stellen und ein Machtwort sprechen, aufstehen; gegen die Menschenrechtsverletzungen, deren Opfer sie wurden, gegen das Unrecht und für echte Nächstenliebe. Doch sie warteten umsonst.

Impfen ist Nächstenliebe

Miriam, 48, Lehrerin

Was hier passiert ist, hätte ich nie zu träumen gewagt. Wenn sich die Institution nicht vorher schon ad absurdum geführt hat, dann spätestens ab März 2020. Noch nie, soweit ich mich erinnere, haben die Kirchen ihre Türen von innen abgeschlossen, nicht einmal zu Zeiten der Pest.
Nehmen wir an, wir hätten eine sehr schlimme Krise. Was dürfte dann auf gar keinen Fall die Aufgabe der Institution Kirche sein? Richtig: Panik schüren, denn Angst ist kein guter Begleiter. Dass es einer Regierung gefallen mag, die Leute in Angst und Panik zu versetzen, weil man dann heimlich andere Dinge leichter durchsetzen kann – ich glaube, das kam sogar aus Schäubles Mund – leuchtet mir vielleicht noch ein, auch wenn ich es ziemlich schäbig finde.

Bei der Institution Kirche finde ich jedoch überhaupt keinen Punkt, der diese Angst und Panikmache auch nur im Ansatz gerechtfertigt hätte. Ich gehe sogar noch einen Schritt weiter: Die „Kirche" hätte das Gegenteil tun müssen oder wenigstens die Priester ihren Job weitermachen lassen sollen, die wissen, was ihre Aufgabe in der Welt ist.
Als Erstes schaffte man das Weihwasser ab. Man hat das geweihte Wasser aus den Becken entfernt. Da muss man schon mal fragen, ob die Amtsinhaber die Bischöfe überhaupt an die Wirkung des Weihwassers glauben? Denn wenn es sich um durch Gott geweihtes Wasser handelt, was sollte den Menschen passieren? Richtig: nichts Schlimmes.

Im Gegenteil, denn das Weihwasser hat eben durch die Weihe eine heilende und reinigende Wirkung. Nach einigen Monaten des Schocks, wie hier gehandelt wurde, kam mir ein Zitat in den Sinn, das mich bis heute nicht loslässt: „etwas fürchten wie der Teufel das Weihwasser". Da kann man schon mal etwas länger drüber nachdenken. Gut, damit hätte man sich vielleicht noch arrangieren können, aber dann machte man die Kirchen dicht – und zwar von innen.
Von jetzt auf gleich gab es keine Heilige Messe mehr, keine Sakramente, nichts,

nada. Ich kenne Priester, die am Folgetag noch versucht haben, eine heilige Messe zu feiern, da es unglaublich, ja schier unwirklich schien, den Gläubigen die Messe zu entziehen. Doch sofort kamen Denunzianten und beschwerten sich, wie er es wagen könne, für die gläubigen Menschen da zu sein, wo doch jetzt alles so gefährlich ist.
Ich kenne viele Menschen, die regelmäßig auch werktags zur heiligen Messe gingen und für die der Gottesdienst Hilfe, Stärkung, Trost, Mut und Heilung bedeutete. Gerade in schweren Zeiten. Denen, die Jesus lieben, ist der Empfang der heiligen Kommunion sehr, sehr wichtig. Ohne diese Kommunion wollen sie nicht leben, da sie ihnen Jesu und Gottes Liebe zu uns Menschen zeigt. Sie vermittelt ihnen Kraft, Energie, Lebensmut und gläubige Freude. All das war weg von jetzt auf gleich.
Auch an die Beichte war nicht mehr zu denken. Was würde wohl passieren, wenn man sich aus Versehen „anatmet"? Und nein, liebe Bischöfe und alle, die bei diesem perfiden Spiel mitgemacht haben: Videoübertragungen ersetzen keine heilige Messe und keine Sakramente. Es ist auch überhaupt nicht hilfreich zu sagen: „Wir beten für Sie, alles kein Problem." Und Angst- und Trauerpredigten bringen die Menschen keinen Millimeter voran! Ich habe mir das tatsächlich ein paarmal im TV angeschaut. Es war verheerend: leere Kirchen, schlimmste Predigten, mir stand vor Entsetzen der Mund offen.

Das Verhalten der „Kirche" hat damit bestätigt, was die Politik gern gesehen hat: Der Mensch ist qua seiner Existenz – nämlich, weil er ein- und ausatmet – eine tödliche Gefahr für die Gesellschaft. Einer Institution, die solch ein Menschenbild verbreitet, sollte jede Daseinsberechtigung entzogen werden. Kommen wir zum nächsten „Vollversagen" dieser Institution: die sogenannten vulnerablen Gruppen.
Wie sah nun dieser Schutz in den Alten- und Pflegeheimen aus? Man sperrte die Menschen, die dort ihren Lebensabend verbringen müssen, einfach weg. Keine Besuche mehr, die Pfleger waren in Plastik eingepackt und maskiert, weil dies eben Vorschrift war. Die „Alten" sind zum Teil einsam und allein und in vielen Fällen auch völlig verwirrt, voller Angst und Panik gestorben. Allein und ohne Angehörige.

Wo blieb da der Aufschrei der Kirche?
Wo blieb der Aufschrei der Bischöfe und Verantwortlichen in der Kirche bei einem dermaßen menschenverachtenden Handeln gegenüber den Schwächsten? Natürlich weiß ich nicht, ob es im Hintergrund Fragen oder Anregungen seitens der Institution gab, aber so wie die Dinge auch heute, 2022, noch sind, kann ich mir das nur schwer vorstellen.
Vielen wurde der Lebensmut genommen und viele nahmen sich tatsächlich das Leben – das nennt man wohl Kollateralschäden. Hat man dazu etwas von der „Kirche" gehört? Also ich nicht. Es galt nur noch das, was der Staat vorschrieb: Möglichst keine Kontakte, keine Berührungen, kein Händeschütteln, Abstand halten, „stay at home". Und natürlich die Maske – von der jeder, der auch nur einigermaßen informiert ist, wissen sollte, dass sie nichts nützt, sondern eher schadet. Bischöfe, die so etwas ihren untergebenen Priestern vorschlagen, haben offensichtlich ihren Beruf, der ja eigentlich Berufung sein sollte, nicht verstanden. Es war menschenverachtend.
Während also das Land in Angst und Panik gehalten wurde, machte man sich wahrscheinlich in der Bischofskonferenz Gedanken, wie man denn irgendwann mal wieder mit heiligen Messen beginnen könnte. Als dann die Priester und Bischöfe wieder aus ihren Löchern heraus gekrabbelt kamen, blieb mein Gefühl, dass ich im falschen Film bin.
Die Gesangsbücher wurden aus den Kirchen hinausgeschafft, es gab Absperrbänder oder Punkte, wo man noch sitzen durfte, die Anzahl der Besucher wurde beschränkt, überall galt Maskenpflicht und natürlich: Abstand halten!

Das Singen in der Kirche war der Gemeinde verboten! Fenster und Türen standen sperrangelweit offen und es gab Ordner, die den Weg zum erlaubten Sitzplatz wiesen. Desinfektionsmittel statt Weihwasser.

Alles für die gute Gesundheit. Ich behaupte, dass so was den Menschen eher krank macht und verstehe auch überhaupt nicht, wie man so sein Immunsystem auf Höhe halten kann. Aber sei es drum, wer an solchen Veranstaltungen teilnehmen wollte, meinetwegen. Für mich war das kein Thema – bevor ich so was besuche, bleibe ich tatsächlich lieber „at home".

Als wäre das nicht schon absurd genug gewesen, hatten sich die Bischöfe wohl auch mit dem Kommunionempfang in der tödlichsten Plandemie aller Zeiten befasst. Was ich da gesehen habe, sprengt die Grenze des Vorstellbaren. Priester und Bischöfe hatten sich tatsächlich Kommunionzangen angeschafft und reichten den Gläubigen den Leib Christi per Zange – unfassbar! Andere machten es Tankstellen und Supermärkten gleich und sperrten den Altarraum mit Plastikwänden und einer kleinen Durchreiche ab.

Die nächsten verteilten den Leib Christi in Muffinförmchen auf einem Tablett, wieder andere bauten Tische mit Plexiglasscheiben auf und schoben den Sohn Gottes von ihrer Seite auf die der Gläubigen. Mundkommunion, die ja eigentlich die übliche sein sollte, war komplett verboten – und jeder, der es wagte, diese zu spenden, lief Gefahr, denunziert zu werden.

Ich habe noch nie etwas Unwürdigeres und Peinlicheres gesehen. Wie hier mit dem Leib des Herrn umgegangen wurde, spottete jeder Beschreibung. Es gab bestimmt auch noch andere Absurditäten, aber dieser kleine Auszug soll hier genügen. Jetzt war nicht nur der Mensch qua seiner Existenz eine tödliche Gefahr, sondern auch der Leib des Herrn, obwohl Gott den Menschen ja unverdienterweise über alles liebt. Ich gestehe jedem Menschen zu, Angst zu haben.

Was aber gar nicht geht, ist, dass Bischöfe derart uninformiert sind und Befehle an ihre Priester herausgeben, die jedem gesunden Menschenverstand an sich schon widersprechen müssten. Diese Leute haben zumindest mal studiert, sind Doktoren oder sogar Professoren und da kann ich bitteschön erwarten, dass sie sich mal überlegen, was sie hier mit den ihnen anvertrauten Menschen machen. Ist das zu viel verlangt? Dies ist eine rhetorische Frage, denn nach zweieinhalb Jahren lautet die Antwort bedauerlicherweise: Ja.

Es macht mich fassungslos, dass Bischöfe dermaßen Angst vor dem Tod haben, obwohl sie sonst immer vom ewigen Leben und der Auferstehung der Toten predigen. Jeden Sonntag bekennen wir diesen Glauben im Glaubensbekenntnis. Man hat den Eindruck, dass dies völlig in den Hintergrund getreten ist und man – egal, mit welchen Mitteln, ob verhältnismäßig oder nicht – jeden Menschen irgendwie am Leben halten muss. Wie er dann in den Tod geht, ist egal – Hauptsache mit negativem PCR-Test.

An dieser Stelle sei noch kurz erwähnt, dass mit dem Zeitpunkt unserer Zeugung unser Tod beschlossene Sache ist. In der Bibel steht: Wir kennen nicht den Tag noch die Stunde – und ich ergänze: den Grund schon gleich gar nicht. Gott wird sich schon was dabei denken, wann er wen zu sich holt. Wer ist der Mensch, der sich darüber hinwegsetzt und einen Hygienestaat installiert, in dem so gut wie alles fehlt, was für den Menschen und seine Seele wichtig ist: Berührung, Nähe, Vertrauen, Liebe, Menschlichkeit, Mimik.
Ich kenne viele Menschen, die aus welchen Gründen auch immer keine Maske tragen können oder wollen. Die Gründe gehen keinen etwas an. Diese Menschen sind dann entweder im Kirchenraum offen beschimpft worden, oder es wurde sich über diese bei dem zuständigen Pfarrer beschwert; andere wurden des Sitzplatzes verwiesen oder gar nicht erst hereingelassen.
Es gab aber auch Priester, die sich dem Treiben widersetzt haben und einfach in den Untergrund gegangen sind, was weder einfach noch ungefährlich war. Es bildeten sich Gruppen, die von eben diesen Priestern unterstützt wurden, welche die Sakramente heimlich gespendet haben. Das Auto wurde dann immer an anderen Plätzen geparkt, um nicht auf sich aufmerksam zu machen. Andere trafen sich sehr früh morgens, wo der Rest der Bevölkerung vermeintlich noch schlief.
Sie besuchten Familien, fuhren jeden Tag woanders hin, ständig der Gefahr ausgesetzt, dass jemand dies bemerkt und meldet. Ich selbst war bei einigen dieser Messen dabei und muss sagen, dass ich schon Angst hatte, dass jeden Moment die Polizei einfällt. Als wäre man kriminell – vollkommen absurd.
Ich bin dankbar, dass es auch solche Priester gab, die ihren Glauben lebten und nicht verraten haben.

Aber das war noch nicht das Ende der Fahnenstange: Corona wurde nun langsam zu einer Art Sekte mit eigenem Glaubensbekenntnis. Verbreitet wurde das Narrativ der Politik: Man dürfe nichts hinterfragen, die Pandemie kann nur mit einem Impfstoff beendet werden etc. Und eben dieser Impfstoff sollte nicht nur in der Bevölkerung das Allheilmittel werden, es wurde auch das neue Sakrament der sogenannten katholischen Kirche.

Auch wenn nun der Kirchenraum für Maskierte wieder offen war, von den Sakramenten war kaum noch die Rede – man hoffte auf den heiligen „Impfstoff".

Dieser kam dann auch nach kurzer Zeit. Ende 2020 ging es mit den Menschen los, die man immer noch gern vulnerabel nennt. Mit Impfärzten ging es in die Alten- und Pflegeheime ohne Rücksicht auf Verluste. Ein Aufschrei der Institution Kirche? Fehlanzeige. Das Gegenteil war der Fall.

Von „Lassen Sie sich impfen" über Aussagen wie „Impfen ist Nächstenliebe" oder „Wer sich nicht impfen lässt, ist unsolidarisch" bis hin zu Impfstraßen in den Kirchen war so ziemlich alles dabei. Ich muss gestehen, dass ich so etwas von einer Kirche nie erwartet hätte. Nach der ersten Spritze folgte relativ schnell die Forderung, dass alle noch eine zweite benötigen. Spätestens – allerspätestens jetzt – hätte ich Nachfragen der Bischöfe erwartet, denn man hatte den Menschen ja gesagt, diese Injektion sei sicher und man schütze damit andere und sich selbst.

Nachdem der Sommer auch in der Kirche bis auf das Impf- und Maskentheater relativ ruhig verlaufen war, sollte es dann bald einen neuen peinlichen Höhepunkt seitens der Bischofskonferenz bzw. der einzelnen Bistümer geben. Es wurde verkündigt: „Wir machen mit bei 2G und 3G".

Die Institution hat es tatsächlich geschafft, die Menschen noch mehr zu drangsalieren. Statt der Devise: „Kommt alle zu mir, die ihr mühselig und beladen seid" hieß es fortan im besten Fall: „Macht 3G!" Jetzt gab es sogar Einlasskontrollen an der Kirchentür.

Fast niemand hat sich gegen die Ausgrenzung aufgelehnt. Es scheint modern in der Kirche, zu allem irgendwie eine Meinung haben, nur hier herrschte Schweigen im Walde.

Das muss man sich mal auf der Zunge zergehen lassen: Die Institution, die mittlerweile bei fast allem „finden wir super" ruft – außer es geht um ihren eigentlichen Auftrag – beteiligt sich aktiv an der Ausgrenzung von Menschen.

Das hat mit meinem christlichen Selbstverständnis absolut nichts zu tun und mit Gottes Willen schon gar nichts. Ein Armutszeugnis, von dem ich niemals gedacht hätte, dass dies je so stattfinden könnte. Und die Bischöfe wundern sich über die hohen Austrittszahlen. Mich wundert es nicht.

Ein Priester erzählt

Arno, 52, Priester

Corona hat mich als Priester vollkommen überrascht.
An einem Mittag kam von der Bistumsleitung eine Mail, dass mit sofortiger Wirkung alle Kirchen geschlossen sind und alle Gottesdienste ausfallen. Ich bin dann mal davon ausgegangen, dass die meisten Gläubigen dies überhaupt nicht mitbekommen haben – nicht so sicher war ich mir bei den Küstern, und falls die es mitbekommen hatten, fragte ich mich, wie strikt sie sich daran halten würden.
Als Pfarrvikar habe ich keine Schlüssel zu den „Nebenkirchen". Entsprechend habe ich in der Hauptkirche die heilige Eucharistie mitgenommen und bin ganz normal zur Abendmesse gefahren. Ich dachte mir, wenn die Kirche zu ist, halte ich vor der Kirche einen kleinen Wortgottesdienst und teile den Gläubigen die heilige Kommunion aus. Gott sei Dank war dies nicht nötig, da die geforderte Kirchenschließung noch nicht bis zum Küster durchgedrungen war.

In den nächsten Wochen jedoch waren alle Kirchen geschlossen und die Bistumsleitung hat jeden öffentlichen Gottesdienst strikt untersagt. Als öffentlicher Gottesdienst wurde jedes Zusammentreffen betrachtet, das außerhalb der Kirche stattfand. Innerhalb der Kirche konnten die Gottesdienste weiter stattfinden, jedoch hinter verschlossenen Türen und unter Ausschluss der Gläubigen. Jede Zuwiderhandlung, so die Drohung der Bistumsleitung, würde mit der Suspendierung vom priesterlichen Dienst geahndet werden. Ich hätte nie gedacht, dass ich einmal „Katakombenmessen" feiern würde.

In aller Heimlichkeit trafen sich kleine Gruppen von Gläubigen in Einfamilienhäusern, Hinterzimmern von Geschäften oder Arztpraxen. Ich selbst in ziviler Kleidung, packte alles Nötige in einen Rucksack und machte mich auf den Weg, um eine Messe zu feiern. Die geheimen Treffpunkte waren oft weit weg, teils musste ich über 100 km fahren. Das Auto habe ich irgendwo abgestellt und bin über verschlungene Wege zu den Gläubigen gelaufen. Diese waren vom „Organisator" persönlich eingeladen und über einen längeren Zeitraum verteilt, einzeln in die Räumlichkeiten eingelassen worden.
Genauso heimlich ging es auch wieder heraus. Man musste sichergehen, dass man keine Aufmerksamkeit erregt. In den entsprechenden Räumlichkeiten habe ich dann mit den Gläubigen die heilige Messe gefeiert und auch die Beichte gehört. Viele Bekannte von mir, quer über Deutschland verteilt, hatten dieses Glück nicht.
Diesen habe ich dann, was strengstens verboten war, die Kommunion per Post zugesandt.

Tragisch war ein Tag, an dem ich zu einem Sterbenden ins Krankenhaus gerufen wurde. Dieses war polizeilich abgeriegelt, und obwohl es Seelsorgern gesetzlich in jeder Notsituation zugestanden wird, wurde ich nicht hineingelassen.
Ich bin es ja schon gewohnt, dass der Bischof seinen Job nicht macht, er ist eigentlich der Seelsorger, der Priester. Bis heute hat er sich nicht ein einziges Mal bei mir erkundigt, wie es mir in der Coronazeit gegangen ist.
Ich hatte vorher schon immer das Gefühl, dass ihm seine Priester vollkommen egal sind – ein Eindruck, der sich in den letzten drei Jahren nur erhärtet hat.
Ja, es stimmt: Machtmissbrauch ist in der Kirche ein Problem. Spätestens seit Corona ist mir endgültig klar geworden, dass dieser faktisch nur von Bischöfen ausgeht.

Was habe ich aus dieser Zeit gelernt? Wenn die Kirche in Deutschland wieder zu einer realen Glaubensgemeinschaft werden soll und nicht den Technokraten einer Bischofsdiktatur unterworfen sein will, für die die Kirche eine Organisation ist wie eine Partei oder eine NGO, in der sie Karriere machen, sich bereichern und Machtspielchen treiben können, muss dem Laden der Geldhahn zugedreht werden.

Ich kann jeden Gläubigen bestens verstehen, der sagt: „Für eine solche Institution will ich nicht mehr zahlen." Und ich kann auch jeden Gläubigen nur ermutigen, dies in die Tat umzusetzen und aus der Kirche auszutreten. Mitglied der Kirche ist man nicht, weil man zahlt, sondern weil man getauft ist und seinen Glauben praktiziert.

Epilog

„Warum noch viel über vergangene Zeiten reden? Corona ist doch vorbei, Schnee von gestern", mag vielleicht mancher denken, wenn das Unrecht der vergangenen Jahre immer wieder neu thematisiert wird.

Die Grundrechtseinschränkungen und Menschenrechtsverletzungen der letzten Jahre zu vergessen, wäre fatal – denn was vergessen wird, das wiederholt sich.

Bei Corona setzte der Staat von einem Tag auf den anderen mit einem gigantischen Medienapparat alles daran, die Gesellschaft in Angst und Panik zu versetzen. Ein Virus als allumfassende tödliche Gefahr hielt Massen von Menschen in Angststarre, während die Regierung die Grundrechte außer Kraft setzte. Die mediale Beschallung dauerte ebenso lange an wie die Unsicherheit, welche Maßnahmen als nächstes das Leben einschränken würden.

All dies zermürbte die Menschen und steigerte ihre Bereitschaft, die Selbstbestimmung über weite Teile ihres Lebens aufzugeben. Das verkündete Ziel, ein Virus zu „besiegen", rechtfertigte alle Mittel, denn nur so könnten die menschenfeindlichen Maßnahmen beendet werden. Durch das künstliche Erschaffen von Feindbildern teilte der politmediale Komplex die Bürger in „gut und böse" ein – „Teilen und Herrschen" funktionierte. Ab sofort wurde jeder kritische Mensch direkt in seinem Umfeld von all denjenigen bekämpft, die unbedingt zu den „Guten" gehören wollten – und freiwillig mit Hass und Hetze zum Klima der Feindseligkeit beitrugen, indem sie andere drangsalierten.

Totalitarismus kommt nie im selben Gewand, aber die Werkzeuge und Strukturen sind stets die gleichen. Deshalb ist es wichtig, wachsam zu bleiben – und nicht blind zu vertrauen, sobald der Staat mitsamt seinen Medien, Experten und Prominenten im Schlepptau wieder einmal unumstößliche „Fakten" präsentiert.

Eine gesunde Wachsamkeit für neue totalitäre Strukturen ist unerlässlich. Damit man sich künftig nicht wieder mitreißen lässt, ganze Gruppen von Menschen zu verurteilen, sobald ein politmedialer Komplex dazu aufruft.
Zeitgeschichte wird von den Menschen geschrieben, die sie erlebt haben. Keine Schlagzeile und kein Nachrichtenmagazin transportiert die Wirklichkeit einer Zeit so hautnah wie die Menschen selbst. Sie geben uns die wertvolle Chance, daraus zu lernen – damit sich das Unrecht nicht wiederholt.

Danke!

Alleine schafft man einiges – zusammen schafft man alles.

Ich danke allen, die mich freundschaftlich, kompetent und tatkräftig bei der Verwirklichung dieses Buches unterstützt haben.

Ken, der mir als gründlicher Lektor wertvolle Hinweise gab und dazu noch genau nach meinen Vorstellungen das Coverbild erstellte. Pedro für die Gestaltung des Buches und für viele spannende Gespräche. Jutta und Petra für die freundliche Hilfsbereitschaft und Zuverlässigkeit beim Korrigieren der Texte. Herzlichen Dank Milena Preradovic, die mich darin bestärkt hat, dieses Buch zu schreiben und die „Wir vergessen nicht“ von Anfang an unterstützte.

Vor allem natürlich bedanke ich mich bei all den Menschen, die mir ihr Vertrauen schenkten und mit ihren Erzählungen wertvolle Einblicke in die Realität der Coronazeit ermöglichen. Ohne ihre bewegenden und aufreibenden Geschichten wäre dieses Buch ohne Inhalt geblieben.

Ganz besonders aber möchte ich Thomas für die wunderbare Zusammenarbeit danken. Ohne ihn wäre unser Projekt nie zu dem geworden, was es ist. Dieses Buch wäre nicht entstanden. Mit seiner Reichweite sorgt er beständig für Öffentlichkeit und steht mir freundschaftlich mit guter Energie zur Seite.

Freunde und Verbündete in einer Zeit der Krise zu finden, ist ein Geschenk. „Wir vergessen nicht“ ist der Beweis dafür – danke!